Value Created by Technological Credibility

技术信任创造价值

区块链技术的应用及监管

Block Chain Technology Application & Supervision

鑫苑集团◎著

中国经济出版社
CHINA ECONOMIC PUBLISHING HOUSE
北 京

图书在版编目（CIP）数据

技术信任创造价值——区块链技术的应用及监管/鑫苑集团著．
北京：中国经济出版社，2018.3
ISBN 978－7－5136－4920－9

Ⅰ.①技… Ⅱ.①鑫… Ⅲ.①电子商务—支付方式—研究
Ⅳ.①F713.361.3

中国版本图书馆 CIP 数据核字（2017）第 255985 号

选题策划 汪 京
策划编辑 崔姜薇
责任编辑 葛 晶
责任印制 马小宾
封面设计 任燕飞装帧设计工作室

出版发行 中国经济出版社
印 刷 者 北京力信诚印刷有限公司
经 销 者 各地新华书店
开 本 710mm×1000mm 1/16
印 张 16.5
字 数 178 千字
版 次 2018 年 3 月第 1 版
印 次 2018 年 3 月第 1 次
定 价 59.80 元
广告经营许可证 京西工商广字第 8179 号

中国经济出版社 **网址** www.economyph.com **社址** 北京市西城区百万庄北街 3 号 **邮编** 100037
本版图书如存在印装质量问题，请与本社发行中心联系调换（联系电话：010－68330607）

《区块链应用在金融领域的法律政策研究报告》（本书的白皮书版）之创作团队

名誉主编

张晓燕　王化成

编委会主任

李志杰　许进

编委会副主任

宋志强　李一丁

指导专家

崔　勇　张立洲　赵　岑　金　涛　杨　东　岳　皞　张利庠　叶敏开　李思飞

顾　问

高　皓　李金波　高振营　姜秀谦　李志刚　孙新雷　何晓军　段小茜　张望军

宋永明　肖荣远　吕　宇　伍旭川　刘　斌　房　飞　王阳雯　卢　斌　黄　震

王　涛　唐　迪　王新华　涂先群　陈晋平　李志华　王育宾

编　写

谭智勇　钟　峰　宋承根　赵　微　李付雷　李雪梅　方　娴　黄苑淇　李　松

武雨佳　张杨晗　高　戚　昕　峤　黄尹旭

学术支持

清华大学国家金融研究院鑫苑房地产金融科技研究中心

中国人民大学金融科技与区块链大数据研究所

中国人民大学金融科技与互联网安全研究中心

中国人民大学 Fintech 私董会

本书创作团队

张晓燕　李志杰　庞引明　孟　雨　赵　坤　王　亢　张　擎　李凤亲　邵　玲

李雪婷

本书学术支持

清华大学国家金融研究院鑫苑房地产金融科技研究中心

中国人民大学金融科技与区块链大数据研究所

序

区块链技术发展到今天，对于许多人而言仍然是一个新鲜而陌生的新生事物；大多数人对于区块链的印象是“比特币的底层技术和基础架构”。诚然，区块链技术是比特币“无心插柳”的副产品，好比古代方士在炼丹时发明了火药，其诞生具有一定的戏剧性和偶然性。然而，区块链的潜力和发展远远超出了人们的预想。许多学者认为，区块链技术是计算模式的颠覆式创新，将在全球范围内引起一场巨大的技术革新和产业变革。

区块链是分布式数据存储、点对点传输、共识机制、加密算法等计算机技术和数学、密码学等学科在互联网时代的创新应用模式。从本质上来看，“去中心化”特性最能反映互联网概念的精髓。李克强总理签批的《“十三五”国家信息化规划》，明确地将区块链列为驱动人人互联向万物互联演进的重要新技术之一，这既是肯定了区块链在互联网技术迭代中的积极作用，同时也表明了中国对于区块链发展的支持和肯定态度。事实上，联合国以及美国、英国、日本等国家和国际组织均对区块链的发展给予了高度关注，这一与发达经济体的“伴生”现象，说明区块链符合经济发展的主旋律，代表了先进的生产形态。

在信息化高度发达的今天，经济活动的交易效率和成本的改进往往落后于技术本身的进步程度，我们的交易行为仍然要经过许多中间平台的流转，交易双方的互信仍然要经过纷繁复杂的合约设计和情感沟通，交易记录的保存和查询仍然要消耗大量的资源，这些都会在无形中造成交易信息和数据传输的“边际递减”，增加了时间成本和物质成本。换言之，在相同价值的前提下，人们本来能够享受到远比现在丰富得多的产品和服务。

区块链是解决上述痛点的良策，它的出现更像是一个量身定制的针对性解决方案：它的去中心化特质和点对点传输，将缩减中间环节，深化金融脱媒；它的信息不可篡改性，将重新构建社会信用体系，促成技术即信任、记账即结算的“零信任”即时交易；它的开放性和透明性，将提供可审计、不可篡改的永久性交易记录。通过对现行经济体系的变革，区块链有助于经济个体树立良好的信用机制，降低市场经营成本，提高支付和管理效率，推动信息化、金融科技和实体经济的深度融合，为大数据、云计算、物联网时代下的经济发展提供新思路。目前，区块链的应用已经延伸到泛金融、智能制造、供应链管理、数字资产交易等诸多领域。

本书着眼于区块链理论研究和应用实践，以金融学、经济学思维对区块链的概念、价值、应用领域和政策规范进行了系统全面的解读。本书有两个较为突出的特点：其一，是在技术应用方面，剖析企业主体对于区块链的投入和参与，引用了许多生动的案例。科学技术从实验室走向生产环节，需要实践的检验和人力物力的巨大投入。企业在这一过程中扮演着不可或缺的角色，其实践经验更是有着宝贵的借鉴意义。其二，是在对区块链监管机制和政策的探讨中，提出应防止行业野蛮生长造成的“捧杀”和矫枉过正的约束打压两个极端，探讨了沙盒机制、软法监管在世界范围内的实践，建议在鼓励创新的同时审慎监管。本书提出要推动并促进企业界、法律界、政府部门、公共政策机构的通力合作，共同探索和发展区块链技术在中国社会公共管理、金融及商业基础设施和法制环境下的应用方法与路线。

本书的作者团队在互联网、信息化、金融科技领域以及地产行业拥有多年从业经验，对区块链的发展和应用有着相对独到的见解；本书的前身《区块链应用在金融领域的法律政策研究报告》白皮书得到了监管部门、国家智库、产学研机构专家的指导和认可。本书凝聚了上述专家和鑫苑集团区块链研发、运营团队对区块链技术的研究成果和实操经验，旨在为区块链技术的快速发展提供新的思路，对区块链行业生态进化给予一定的推动作用。随着区块链技术的发展和成熟，有关学术研究也会迎来百家争鸣的繁荣气象。这种智慧的交流与碰撞，以及更多研究者和从业者的无私分享，在映射出区块链技术本身开放共享特征的同时，也将助力一个全新价值互联网时代的到来。

张勇

金融学博士

清华大学国家金融研究院鑫苑房地产金融科技研究中心联席理事长

前　言

改革开放以来，中国经济一直保持着高速增长，经济总量不断扩大。截至2016年，中国经济总量已经突破了10.9万亿美元，居世界第二位；贸易总额达4.16万亿美元，跃居世界第一位，已成为世界前列的经济大国和贸易大国。但是，中国的经济结构仍不平衡，经济发展模式也存在快而不优的问题。如今中国经济逐步进入平稳发展阶段，由经济大国转向经济强国，而技术创新在此过程中将发挥重要作用。

2015年，李克强总理首次在政府工作报告中提出“大众创业，万众创新”的发展战略，推动了国内科技创新的步伐。此后，国家相继出台了多个指导意见，以落实这一发展战略。2017年7月，经李克强总理签批，国务院印发了《关于强化实施创新驱动发展战略进一步推进大众创业万众创新深入发展的意见》[①]，意见中指出，“要进一步系统性优化创新创业生态环境，强化政策供给，突破发展瓶颈，充分释放全社会创新创业潜能，在更大范围、更高层次、更深程度上推进大众创业、万众创新”。可以看到，科技创新在中国正在朝着更加深入、更加全面的方向发展。

---

① 国务院. 国务院关于强化实施创新驱动发展战略进一步推进大众创业万众创新深入发展的意见［Z］. 2017-07-21.

根据国家统计局统计结果显示，2016年中国研发经费投入总量达到15676.7亿元，比2015年增长10.6%，增速比2015年提高了1.7个百分点。2016年中国研发经费投入强度达到2.11%，比2015年提高0.05个百分点，连续3年超过2%，已经超过欧盟15国2.08%的平均水平。近年来，中国研发经费投入强度一直呈稳定上升趋势，与发达国家的差距逐年缩小。世界各国的技术创新竞争日趋激烈。

中国的技术创新在各个领域都得到了长足进步，生物科技、计算机技术、金融科技、航空航天技术等领域都居世界领先地位。尤其是在2008年金融危机之后，金融科技创新成为各国科技创新的重中之重。各国为有效防范金融风险，提高金融效率，在大数据、云计算、区块链等技术的金融领域应用上都投入了大量的资金和人才。

在这些领域中，区块链技术由于其独特的分布式数据存储、共识机制、点对点传输的功能，成为联合国、世界银行等国际组合和各国央行关注的重点，金融实务界也纷纷开展相关研究和开发工作。目前，区块链技术已经与物联网、云计算、大数据等技术共同构成了金融科技前沿技术，应用范围涵盖金融、制造、供应链管理、数字资产交易等多个领域，在多个行业中引发了产业变革。甚至有研究者认为，区块链技术是继个人电脑、互联网之后的又一颠覆式新技术，将引发世界范围的产业革命。

近年来，区块链技术和应用在中国也引起了研发热潮。北京、上海、深圳等城市先后成立了不同形式的区块链联盟。区块链的应用开发实践在以金融科技为代表的领域逐渐展开，同时在媒体的推动下不断掀起讨论热潮。总体来说，在多重力量的催化下，区块链或许即将进入一个快速发展的时期。另外，我们也要清醒地认识到，区块链技术的成熟，仍有待技术研发的支持投入和实践应用来检验证明。因此，区块链的快速发展并非万事俱备，而是机遇与风险并存，动力与阻力兼具。更重要的是，近期发生的一系列安全事件，证明区块链技术仍然面临安全风险和挑战。[①] 本书以区块链技术及其发展历程为出发点，对区块链应用的实际情况进行了调研，并着重在区块链应用的监管方面，提出了一些思考和建议。

本书共分为九章。第一章介绍了区块链技术及其发展历程，对基本概念、原理、关键技术、分类、起源和演进阶段进行了阐述；第二章主要细化分析了区块链的商业价值；第三章介绍了区块链技术在金融领域中的运用；第四章介绍了区块链技术在非金融领域中的应用；第五章通过对鑫苑科技及其区块链技术的应用展现了区块链技术的具体应用案例；第六章分析了区块链可能存在的风险；第七章介绍了区块链应用的监管研究，从目前的立法状况、法律框架的缺陷和区块链的软法监管三个方面予以阐述；第八章介绍了区块链监管在国际方面的经验；第九章对完善中国区块链应用的监管提出了一些思考；最后是结语。

① 中国区块链技术和应用发展白皮书（2016 版）［Z］.

目　录

第一章
区块链技术及其发展历程概述

一、区块链的基本概念

区块链技术自身仍然在飞速发展中，目前还缺乏统一的规范和标准。在发表于《哈佛经济评论》的《区块链的真相》一文中，将区块链定义为“an open, distributed ledger that can record transactions between two parties efficiently and in a verifiable and permanent way. The ledger itself can also be programmed to trigger transactions automatically”。而在发表于《经济学人》杂志的《信任机器：区块链背后的技术》一文中，区块链则被定义为“is a shared, trusted, public ledger that everyone can inspect, but which no single user controls”。

区块链是从比特币项目中衍生出来的一种技术，作为比特币赖以运行的分布式账本平台，区块链在无集中式监管的情况下，稳定运行了近八年时间，支持了海量的交易记录，并未出现严重的漏洞。

公认的最早关于区块链的描述性文献是中本聪所撰写的比特币白皮书——《比特币：一种点对点电子现金系统》，但该文献重点在于讨论比特币系统，实际上并没有明确提出区块链的定义和概念。在该文献中，区块链被描述为用于记录比特币交易的记账方式。

记账技术历史悠久，现代复式记账系统是由意大利数学家卢卡·帕西奥利，1494 年在《算数、几何、比与比例概要》一书中最早制定。复式记账法将对账验证功能引入记账过程，提升了记账的可靠性。从这一角度来看，区块链是第一个自带对账功能的数字记账技术。

从更广泛的意义上来看，区块链作为一种去中心化的账本记录系统，参与其中的各个节点分布在互联网的各个角落，虽然彼此互不信任，但是链上的所有节点共同维护这个系统，并且通过广播机制每个参与维护的节点都能同步到相同备份的数据记录。

同时，还可以将智能合约跟区块链结合到一起，让其提供除交易功能外更灵活的合约功能，执行更为复杂的操作（实际上比特币区块链已经支持简单的脚本计算）。这样扩展之后的区块链，已经超越了单纯数据记录的功能。

区块链技术基于自身不可篡改、公开、透明等特点，为交易者提供了一套可信、可靠的技术架构。其是以加密算法、点对点网络、共识算法为技术基础，构建去中介化、公开透明、不可篡改等特性。交易双方在区块链网络上可以直接交易，大大减少企业间商务的费用和复杂度,并为更广大领域的商业应用提供支持。具体来说，区块链技术具有以下四个特征：

（1）去中心化。区块链数据的验证、记账、存储、维护和传输等过程均是基于分布式系统结构，采用纯数学方法而不是中心机构来建立分布式节点间的信任关系，从而形成去中心化的可信任的分布式系统，交易双方可以自证并直接交易，不需要依赖第三方机构的信任背书。

（2）不可篡改。数据一旦写入区块链则不可改动，从而避免了中心化节点任意修改记录的可能。

（3）分布式共享。交易流水写入区块链之后，会通过点对点网络同步到所有节点，实现数据的分布式存储。

（4）智能合约。交易的规则和流程从一开始就制定好，在程序上保证合约执行，提高效率。

二、区块链的原理和关键技术

从技术层面来看，区块链主要涉及两个关键技术，即 P2P 网络技术和非对称加密技术。

P2P 网络技术是区块链系统连接各对等节点的组网技术，学术界将其翻译为对等网络，在多数媒体上则被称为“点对点”或“端对端”网络，是建构在互联网上的一种连接网络。在 P2P 网络下，每个对等节点会有互联互通。

非对称加密算法包括公开密钥和私有密钥，其可通过公私钥对数据的加密和解密来保证数据在存储和传输过程中的安全性。其中，公开密钥顾名思义，可对外发布用于加密所要发送的数据信息；私有密钥则具有私密性，在接收到对方用公开密钥加密的数据信息后，用于解密之用。鉴于公私钥的运算周期加长的原因，其算法主要应用于对体量较小数据的计算。被业界认可并广泛采用的非对称加密算法主要有 RSA、Elgamal、背包算法、Rabin、D-H、ECC（椭圆曲线加密算法）等。

区块链通过遵循规则打包一段时间或者一定数量的交易形成区块，再将一个个区块按照发生的顺序串联成链。这其中，交易主要用于改变账本的状态。每次交易都在试图改变一次状态，而区块则主要用于记录某一段时间内所发生的交易和相关状态，每次生成区块就是参与者对于其中包括的所有交易改变状态的结果确认。

区块链的结构可视为一个线性的链表，由“区块”按照形成的时间顺序串联组成，这也是其名称“区块链”的来源。再者，区块链其作为分布式数据记录本，区块链的工作机制决定了已入链的数据必须放到一个新的区块中，原则上只可添加，不可删除；关于区块是否合法的问题，分布式数据记录本中的其他维护节点可通过共识机制来校验和达成一致。

既然比特币项目孕育出了区块链技术，我们来看一下区块链技术在该项目是如何使用的。客户端在分布式网络中发起一项点对点的交易后，系统会将此次交易广播到网络中，并等待系统的审核确认。在某一时间段内或某些数量的等待审核确认的交易，会被分布式网络中的有效节点打包形成候选区块；比特币系统机制会将一个随机的 nonce 串放入区块中，在 nonce 串因素的影响下，候选区块的摘要计算结果将满足一定运算条件（如小于某个值）；全网节点疯狂计算候选区块的摘要计算结果，一旦成功，则该候选区块在格式上可被认为是合法的，并向全网广播等待其他节点的验证；接收到广播的其他节点拿到待验证的区块，经过验证审核后认定确实符合约定条件，则此候选区块则被公认为是合法的新区块，最终被链接到上一区块而添加到链上。

比特币的这种基于算力的共识机制被称为工作量证明（Proof of Work）。目前，要让 hash 结果满足一定条件并无已知的启发式算法，只能进行暴力尝试。尝试的次数越多，算出来的概率就越大。通过调节对 hash 结果的限制，比特币网络控制约 10 分钟平均算出一个合法区块。算出来的节点将得到区块中所有交易的管理费和协议固定发放的奖励费（目前是 125 比特币，每四年减半）。即俗称的“挖矿”。

或许有人会问，能否通过恶意操作来破坏整个区块链系统或者获取非法利益。比如，不承认别人的结果，拒绝别人的交易等。实际上，因为系统中存在大量的用户，而且用户默认都只承认其看到的最长的链。只要不超过一半（概率意义上越少肯定越难）的用户协商，最长的链将可能成为合法的链，而且随着时间增加，这个可能性越大。从技术和社会的角度来讲，区跨链涉猎广泛，不仅包括相对成熟的传统基础设施层中的分布式算法、存储架构、网络协议、密码学等技术领域，还包括诸如博理论、心理学、经济学等社会科学和人文科学等领域，下文列出了目前被认为有待解决或改进的关键技术点。

（一）密码学认证技术

该技术主要期待解决以下问题：

（1）怎样防止交易记录被篡改？

（2）怎样证明交易方的身份？

（3）怎样保护交易双方的隐私？

密码学正是解决这些关键问题的有效手段，包括 hash 算法、加解密算法、数字证书和签名（盲签名、环签名）等。区块链技术的应用将可能促进密码学的进一步发展，包括随机数的产生、安全强度、加解密处理的性能等。

（二）分布式一致性

区块链技术已有大量的研究成果。其核心在于如何解决某个变更在网络中是一致的，是大家都承认的，同时这个信息是确定的，不可推翻的。该问题在公开匿名场景下和带权限管理的场景下需求差异较大。比特币区块链考虑的是公开匿名场景下的最坏保证，引入了 Proof of Work 策略来规避少数人恶意破坏数据，并通过概率模型保证大家最终看到的就是合法的最长链。此外，还有以权益为抵押的 PoS、DPoS 和 Casper 等。这些算法在思想上都是基于经济利益的博弈，让恶意破坏的参与者经济利益遭到损失，从而保证大部分人的合作。同时，确认必须经过多个区块的生成，然后从概率学上进行保证。更广泛的区块链技术引入了更多的一致性技术，包括经典的拜占庭算法等，其可以解决确定性的问题。

一致性问题在很长一段时间内都将是极具学术价值的研究热点，核心的指标将包括容错的节点比例和收敛速度。PoW 等系列算法理论上允许少于一半的不合作节点，PBFT 等算法理论上允许不超过一定比例的不合作节点。

（三）性能

目前，公开的比特币区块链只能支持平均每秒约 7 笔的吞吐量，一般对于大额交易来说，安全的交易确认时间为 1 小时。小额交易只要确认被广播到网络中并带有交易服务费用，即已可能被打包到区块中。区块链系统跟传统分布式系统不同，其处理性能无法通过单纯增加节点数来进行扩展。高性能、安全、稳定性、硬件辅助加解密能力，都将是考察节点性能的核心要素。

一方面，可以将单个节点采用高性能的处理硬件，同时设计优化的策略和算法，提高性能；另一方面，将大量高频的交易放到链外，只用区块链记录最终交易信息，如闪电网络等。类似地，侧链（side chain）、影子链（shadow chain）等思路在当前阶段也具有一定的借鉴意义。类似设计可以很容易地将交易性能提升 1 ~ 2 个数量级。此外，如果采用联盟链的方式，在一定的信任前提和利益约束下优化设计，也可以换来性能的提升。目前，开源区块链自身在平台层面已经实现普通配置，单客户端每秒达到数百次的交易吞吐量，乐观预测将很快突破每秒数千次的基准线，但离现有证券交易系统的每秒数万笔的峰值还相差甚远。另外，从工程设计和平台部署上来看，均存在一些可以优化的部分。

（四）扩展性

常见的分布式系统，可以通过增加节点来扩展整个系统的处理能力。对于区块链网络系统来说，这个问题并非那么简单。网络中每个参与维护的核心节点都要保持一份完整的存储，并且需进行智能合约的处理。因此，整个网络的总存储和计算能力，取决于单个节点。尤其在公有网络中，大量低质量处理节点存在的问题更为明显。比较直接的一些思路，是放松对每个节点都必须参与完整处理的限制（但至少部分节点要能合作完成完整的处理）；同时尽量减少核心层的处理工作。在联盟链模式下，可以专门采用高性能的节点作为核心节点，用相对较弱的节点作为代理访问节点。

（五）安全性

区块链目前最热门的应用前景是金融服务业，安全自然是最重要的问题。即使区块链在设计上基于现有的成熟的密码学算法，以下几个方面仍然需要重点关注。

（1）立法。如何对区块链系统进行监管？攻击区块链系统是否属于犯罪？攻击银行系统应该承担法律责任，但目前还没有任何法律保护区块链及其应用。

（2）软件使用的潜在漏洞无法避免。对于金融系统来说，客户端与平台出现很小的漏洞都会造成难以估计的损失。另外，公有区块链所有交易记录都是公开可见的。实际上，已有文献证明，比特币区块链的交易记录最终是能追踪到用户的，这就给一些违法行为提供了机会。

（3）作为一套完全的分布式系统，公有的区块链缺乏有效的调整机制，一旦运行起来，出现问题将难以修正。即使是让它变得更公平、更完善的修改，只要有部分既得利益者合起来反对，也无法加入进去。

（4）运行在区块链上的智能合约应用种类繁多，必须进行安全管控，在注册和运行前需要有机制进行探测，以规避恶意代码将其破坏。2016 年 6 月 17 日，DAO 系统漏洞被利用，直接导致价值 6000 万美元的数字货币被利用者获取。尽管对于该事件的反思还在进行中，但事实证明，目前基于区块链技术进行生产应用时，务必要细心谨慎地设计和验证。

（六）数据库

区块链网络中的块信息需要在数据库中存储。运营过程中需要大量的编写操作、hash 计算和验证操作，跟传统数据库的操作方式十分不同。当年，人们观察到互联网应用大量非事务性的查询操作，而设计了非关系型（NoSQL）数据库。那么，针对区块链应用的这些特点，是否可以设计出一些特殊的针对性的数据库呢？

LevelDB、RocksDB 等键值数据库，具备很高的随机读写和顺序读写性能，以及相对较差随机读的性能，被广泛应用到了区块链信息存储中。但从目前来看，面向区块链的数据库技术仍然是需要突破的技术难点之一。也许未来将可能出现更具针对性的“块数据库”（BlockDB）。其专门服务类似区块链这样的新型数据业务，这里的每条记录将包括一个完整的区块信息，并天然地与历史信息进行关联，一旦写入确认无法修改。所有操作的最小单位将是一个块。

（七）集成性

区块链技术并不意味着完全去中心、去监管。在相当长的一段时间内，基于区块链的新业务系统将与已有的中心化系统共存。两种系统如何共存，如何分工，彼此的业务交易如何进行传递，都是区块链技术落地亟须解决的问题。

三、区块链的分类

区块链系统可以根据共识机制、参与范围，以及去中心化程度、落地应用场景、用户组织形式和需求等因素的不同，一般分为公有链、联盟链和私有链。

（1）公有链（Public Blockchains）是指，基于全球互联网的分布式网络。任何用户在已加入公有链的节点上都可以发起 P2P 交易，且该用户所发起的交易能够被公有链的其他节点有效确认，并进一步能够参与到其他节点所发起交易的共识过程中。公有链不仅是出现最早的而且也是目前被应用最广泛的区块链。现有的各大数字虚拟货币都是基于公有链建立的，如各大 bitcoins 系列的虚拟数字货币，在世界上该币种所对应的公有链上已顺利运行多年。公有链上各有效节点基于该分布式网络可以随时自由加入和退出，并在链上对数据进行读写、存储和传输，基于扁平式的拓扑结构互联互通运行，而且基于分布式网络的服务端节点自由分布，不存在任何中心化的节点。

（2）联盟链（Consortium Blockchains）中有多个作为记账人的预选节点，这些预选节点均由用于联盟链某个群体内部指定；且所有的预选节点通过共识机制共同决定每个块的生成。除预选节点的其他接入节点可发起交易，但不具有记账功能外，任何用户可以通过该联盟链所开放的 API 进行权限范围内的查询。联盟链通常都是由多个利益相关并且有意愿共同维护该区块链健康运转的实体机构组织所发起的，联盟链的各节点都与其中一个实体机构组织相对应，并且这些节点必须被授权后才能准入准出该联盟链。

（3）私有链（Private Blockchains）上各节点的写入权限均归私有链的所有者控制。除非获得所有者的许可，私有链之外的任何第三方无法获得该链上数据的访问权限。区块链多节点运行的通用结构仍然在私有链中体现，但是只适合特定实体机构组织内部的数据读取、管理与审计之用。

四、区块链的发展历程

比特币交易系统的飞速发展推动了区块链技术的流行。从狭义上来讲，区块链是一种按照时间顺序将数据区块以顺序相连的方式组合成的链式数据结构，并以密码学方式保证数据在传输过程和访问过程中的私密性安全，从而最终形成不可篡改和伪造的分布式账本。它提供了一种采用共享数字“分享账本”来追踪商品或交易的途径。新增的交易区块将附加在该链尾部，加在它上面的加密钥匙保证了区块链始终无法被攻破。

从广义上来讲，区块链技术是利用块链式数据结构来验证与存储数据、利用分布式节点共识算法来生成和更新数据、利用密码学理论和算法来保障在传输过程和访问过程中数据的安全性、利用由自动化脚本代码组成的智能合约来编程和操作数据的一种全新的分布式基础架构与计算范式。目前，区块链技术的预言有很多，上到大型机构下到科研小组都对区块链技术的前景充满期待。作为被世人寄予厚望的一项重大突破技术，彻底改变现有传统企业的业务流程乃至改变大型机构的商业运作模式都存在可能性。任何一个新兴的技术都离不开现有技术的基础。众所周知，区块链技术是新兴技术，但同时它并非单一的信息技术。区块链技术与现有技术加以意想不到地独创性的组合，就能够创新出以前从未实现过的应用场景或者商业模式。

区块链技术随着比特币的理论与实践诞生，随着实践及人们对区块链的认识分为几个不同的阶段。具体可以分为 Blockchain 1.0、Blockchain 2.0、Blockchain 3.0 三个阶段，其中 Blockchain 1.0 可称为虚拟数字货币阶段，Blockchain 2.0 可称为智能合约阶段，Blockchain 3.0 则可称为具体应用场景落地的阶段。

一般的观点把比特币应用视为 Blockchain 1.0；将太坊作为 Blockchain 2.0 的代表；而一般认为 Blockchain 3.0 超出了货币和资产的公正、效率和协作应用。以下将对区块链演进的阶段进行详细地分析。

（一）区块链技术演进

回溯历史，区块链的并非诞生于一朝一夕，其技术的出现和成熟经历了漫长的历史积累。从广义来看，区块链的发展演进是按以下的时间表进行的。

（1）1982 年

Leslie Lamport 等人首先提出了拜占庭将军问题（Byzantine Generals Problem），把各地区军队之间彼此达成共识、决定出兵与否的过程，贯穿到运算领域，想办法建立具有容错性的分散式系统，即便部分节点失效，系统仍能够正常运行，可以让多个零信任的节点取得共识，并保证资讯传递的一致性。

David Chaum 提出了注重隐私安全的密码学网路支付系统，具有不可追踪的特性，这成为之后比特币区块链在隐私安全方面的原型。

（2）1985 年

Neal Koblitz 和 Victor Miller 分别提出了椭圆曲线密码学

(Elliptic curve cryptography, ECC),第一次将椭圆曲线用于密码学，建立了公开密钥加密算法。相较于 RSA 演算法，采用 ECC 的优势在于可以使用较短的密钥，达到完全相同的安全强度。

（3）1990 年

基于先前理论，David Chaum 打造出了不可追踪的密码学网路支付系统，即后来的 eCash，只是 eCash 并非去中心化的系统。

Leslie Lamport 提出 Paxos，具有高容错的一致性演算法。

（4）1991 年

Stuart Haber 和 W Scott Stornetta 提出用时间戳确保数据文件安全的协议，这个概念后来被比特币区块链系统所采用。

（5）1992 年

Scott Vanstone 等人提出椭圆曲线电子签名算法（Elliptic Curve Digital Signature Algorithm，ECDSA）。

（6）1997 年

Adam Back 发明 Hashcash，这是一种工作量证明演算法（Proof of Work，RPOW）。该演算法依赖成本函数的不可逆特性，达到容易被验证，却很难被破解的特性，最早被应用于阻挡垃圾邮件。Hashcash 后来成为比特币区块链所采用的关键技术之一。2002 年，Adam Back 正式发表 Hashcash 论文。

（7）1998 年

Wei Dai 发表匿名的分散式电子现金系统 B　money，强调点对点交易和不可篡改性，引入工作量证明机制。不过在

B　money 中，并没有采用 Hashcash 演算法。Wei Dai 的许多设计后来被比特币区块链所采用。

Nick Szabo 发表去中心化的数字货币系统 Bit Gold，参与者可贡献运算能力来解出加密谜题。

（8）2005 年

Hal Finney 提出可以重复使用的工作量证明机制（Reusable Proofs of Work，RPOW），结合 B　money 与 Hashcash 演算法来创造密码学货币。

（9）2008 年

Satoshi Nakamoto（中本聪）发表《比特币：一种点对点的电子现金系统》，在这篇关于比特币的论文中，中本聪描述了一个点对点的电子现金系统，能够在零信任的基础上，建立一个去中心化的价值交换体系。

（二）区块链 1.0——数字货币

区块链 1.0 是从比特币衍生出来的底层技术，它具有以下几个特征：

（1）以区块为单位的链状数据块结构：区块链系统各节点通过一定的共识机制选取具有打包交易权限的区块节点。该节点需要将新区块的前一个区块的哈希值、当前时间戳、一段时间内发生的有效交易及其梅克尔树根值等内容打包成一个区块，向全网广播。由于每一个区块都是与前一区块通过密码学证明的方式链接在一起的，当区块链达到一定的长度后，要修改某个历史区块中的交易内容就必须将该区块之前的所有交易记录及密码学证明进行重构。这样便可以防止篡改。

（2）全网共享账本：典型的区块链网络是基于 P2P 网络的分布式架构，系统中的各个节点通过广播技术都能够存储一份相同的完整的历史交易账本。即使个别节点受到攻击被篡改数据，整个系统账本的安全性也不会受到影响。此外，由于全网的节点是通过点对点的方式连接起来的，没有单一的中心化服务器，因此不存在单一的攻击入口。同时，全网共享账本这个特性也能防止双重支付。

（3）非对称加密：典型的区块链网络中，账户体系由非对称加密算法中的公钥和私钥组成，若没有私钥则无法使用对应公钥中的资产。

（4）源代码开源：区块链网络中设定的共识机制、规则等都可以通过一致的、开源的源代码进行验证。

（三）区块链 2.0——智能合约

区块链 2.0 是在区块链 1.0 的基础上发展起来的，它具有以下几个特征：

（1）智能合约：区块链系统中的应用，是已经编码的、可自动运行的业务逻辑，通常有自己的代币和专用开发语言。

（2）DAPP：包含用户界面的应用，包括但不限于各种加密货币，如以太坊钱包。

（3）虚拟机：用于执行智能合约编译后的代码。虚拟机是图灵完备的。

根据 Symbiont 公司的网站介绍，Symbiont 正在建立第一个用于发行区块链智能证券和交易智能证券的平台。智能证券是一个描述智能合约的术语，其可用特定的规则进行编程。目前，智能证券交易平台 Symbiont 完成了一轮 700 万美元的融资，该公司的估值已达到 7000 万美元。无疑，智能合约尚在发展初期，为了预见和减少智能合约发展应用中的外部障碍，需要对其运行中的法律适用和监管问题着重研究。

智能合约是一套以数字形式定义的协议，数字形式意味着协议中的权利义务是可量化的，进而写入计算代码中，只要合约参与方的协议能够匹配，计算机或网络就可以自动寻找匹配合约，完成交易。其核心要素为要约、承诺和价值交换。智能合约运行在可复制、共享的账本上，由特定的事件来驱动，交易方在进入智能合约程序之前必须事先核定合约的条款；否则，合约便不会生效。智能合约这种交易方式与现实中通过各方谈判达成的交易具有以下几个不同之处：

首先，前者在交易达成之前，事先确定各方的权利、义务以及执行履行时间等合同内容并由计算机程序自动确定交易对象，即交易各方的意愿由计算机完成。后者恰好相反，在达成交易之前，事先确定交易对象，然后再对合同内容进行谈判磋商，直至对合同各项内容达成共识，交易方能达成。

其次，前者多为标准化合同，内容能够量化；而后者更能顾及交易各方的特殊需求，除合同主义务外，交易各方还需依据特定情况承担较多的前合同义务、附随义务和后合同义务，难以量化。

最后，达成合约后的履行，前者一般不会出现违约情形，因为合约的履行由计算机程序控制，待合约约定的履行条件实现时，计算机程序会自动履行合约；而后者的履行易受现实环境和交易方的主观意志的影响，违约的可能性较大，如签订商品房买卖合同后，因房屋价格涨幅较大，出售方可能主动选择违约。

智能合约可能存在以下问题，需要特别考虑：

（1）任何一个交易，最核心的部分都是交易各方的意愿，而智能合约改变了传统合约中交易方达成共识的方式，而是依靠程序来自动完成，并且交易方也都予以认可。但是，任何程序都存在漏洞，假如因程序自身运行错误或者遭受恶意攻击导致生成错误的合约并履行之后，合约的效力应当如何认定？特别是在对一方有利，另一方不利的情形下。

（2）在合约达成后，假如一方违约，守约方向对方主张权利救济时可能需要智能合约的程序提供者的帮助。而程序提供者仅发挥信息中介的作用，那么，是否应该负有向守约方提供违约主体相关信息的义务，这种义务的边界何在？

（3）为了保证智能合约的履行，有时合约参与方需要在智能合约中存储一定的资产。这些资产从存储至履行需要经过一段时间，在这段时间内，资产的控制权和管理权归属对合约的顺利履行至关重要。

（4）合同生效的时间与合约参与方的利益相关。传统交易中，一方对要约进行承诺后共识即达成。在智能合约中，参与方提交合约之后由计算机程序自动寻找匹配合约，这种自动程序完成后合约是否立即成立生效，即自动程序能否完全代替参与方的意愿，合约的成立生效是否还需要参与方事后对匹配结果进行确认，在参与方对匹配结果不满意，要求否认合约效力的情形下尤为重要。

智能合约的发展方向不同于 P2P，但在分析智能合约监管时我们可以将 P2P 作为参照。P2P 简单来说，就是一个新技术推动下的第三方交易平台，运营的途径是帮助资金找到利益最大化的项目，对此我们要规制它不被利用而沦为资金池，平台自身的价值不能被放大并作为担保方，因此我们需要对其进行监管。同样，智能合约建立在区块链技术平台上，此前中国对于比特币出台的相关法律文件，在一定程度上遏制了区块链平台上的“虚拟货币”的使用。这与 P2P 的监管动机相似，禁止区块链平台沦为金融机构，禁止智能合约在节点的信息储存与交互中“碰钱”，禁止以智能合约之名隐藏交易甚至用于洗钱。

除此之外，对于智能合约的监管还可能发展为对特定领域的信息监管。智能合约的性质和国家经济的安全，不允许交易以点对点的方式完全封闭，不接受任何监管。因此，在智能合约涉及更多层次的业务，如股权、债券以及票据的交易与流转等时，对于技术的触手所向之处我们不得而知。

对此，仅间接使用相关的行业法律法规显然是不够的，新的监管方向和监管手段也会应运而生。鉴于当今市场上商业信用和商业秘密受到越来越多的重视，势必出现统一的区块链行业标准，根据不同的区块链平台提供的智能合约业务范围而设定不同的准入标准，明晰的发展方向。

（四）区块链 3.0——超越货币、经济和市场的公正、效率和协作应用

与所有技术的发展一样，区块链技术也在不断迭代和演进。

随着对区块链技术在各个落地场景的深入研究，人们逐渐意识到，支撑各种典型行业应用的架构体系，以智能合约、DAPP 为代表的区块链 2.0 已无法满足需求。基于区块链的分布式协作模式，人们对组织、公司、社会等多种形态的运转有了一定认识，深信区块链必将广泛而深刻地改变人们的生活方式，因此区块链 3.0 的概念在学术界应运而生。

区块链技术不仅对各类货币市场、支付系统、金融服务以及经济形态的方方面面，均产生了巨大的影响，甚至存在给整个金融行业带来革新的可能。这些可能的应用包括以下几个方面：

（1）量子级别管理：利用区块链技术协调人类和机器的活动以最有效、最直接、最自然的方式进行运作。

（2）自动化大数据预测：把区块链与大数据相连接。大数据科学领域将会从“反应—预测”逐渐缓慢转变，通过智能合约和经济学来自动运行大量的任务。

（3）公证和知识产权保护：利用区块链上的哈希散列和时间戳功能提供存证取证、数字资产证明和知识产权证明等应用。

（4）大规模的决策协作：利用区块链技术在全国甚至全球就信息和决策达成高精度的一致性协作。

（5）大规模的计算协作：利用区块链技术在全国甚至全球就资源收集、计算奖励和协作组织达成一致，可以预见的案例是把区块链技术应用到 SETI@home 和 Folding@home 中。

第二章
区块链技术的商业价值

现代商业的典型模式为，交易方通过协商和执行合约，完成交易过程。区块链擅长的正是如何管理合约，确保合约的顺利执行。根据类别和应用场景不同，区块链所体现的特点和价值也不同。

在下文中我们将以“摩擦”为切入视角，分析区块链带来的商业变革与价值。①

一、 市场摩擦分析

几个世纪以来， 全球贸易一直是人类历史上最强大的“财富创造者”，但市场摩擦也是财富创造的最大障碍。多年来，随着技术进步和金融创新发展，部分膜材已经得到缓解甚至根除。但市场摩擦依然存在，商业贸易依然会因为效率低下、成本高昂和易受攻击等问题受到阻碍。

区块链技术在缓解各行业交易摩擦方面，该技术潜力巨大。其公开透明的特征可以帮助建立强大的信任基础，在提升交易效率的同时，让更多企业和资产参与交易，从而加速资本流动，创造更多财富。

目前，主要有信息摩擦、互动摩擦和创新摩擦三类摩擦，对商业运营发展的效率造成了严重影响。而区块链技术的五个基本属性恰有可能帮助消除它们。

（1）信息摩擦：包括信息不对称，信息难以获取和黑客攻击等信息风险。一方面容易造成道德风险和逆向选择问题，降低市场有效性；另一方面会增加交易成本，限制市场规模。

① IBM商业价值研究院．全速前进——随着区块链，重新思考企业、生态系统和经济模式［R］．2016.

（2）互动摩擦：包括交易过程中的交易成本，交易延迟，和市场分割等问题。会造成市场参与者的利益受损，导致交易意愿降低，资产闲置等问题。

（3）创新摩擦：包括业务模式僵化，限制性法规，无形威胁等。在一些情况下，企业自身的惰性和过度监管会导致企业的创新成本上升、缺乏创新动力，在制度技术发展的环境下难以应对竞争，最终退出交易。

二、 区块链消除摩擦

区块链作为分布式账本，有着不可篡改的特征。每笔交易都会成为永久记录的一部分，只有具备权限的人方可查看，并且可以根据个人角色和访问权限来共享相关信息。信息所有模式由单一转为共享，使信息传递更公开、清晰。

区块链改变了信息的拥有模式，从信息的单一所有者转变为资产或交易整个记录的生命周期均可以共享。新的模式是基于状态而不是基于消息传递的通信，使过去模糊的信息清晰可见。

研究表明，区块链技术的五个属性有助于消除摩擦。

（1）分布式记账方式和匿名性。记载于区块中的交易记录会随着交易发生及时更新。信息能够在所有参与者之间共享，并在参与者之间进行复制。此外，系统运行不依赖于单一的实体，用户的隐私能够通过加密技术和数据分区技术得到保证，系统可以有选择地向交易参与者授予不同的总账接触范围。

（2）安全且不可篡改。密码学能够鉴定和验证交易的真实性。参与者一旦同意条件，就无法篡改交易记录。

（3）透明和可追溯性。由于一笔交易的所有参与方均能够访问交易记录，使信息的储存基于共识且可交易。

（4）共识机制。在区块链系统中，交易会通过共识机制被系统承认并记录。而共识算法可以依交易需求而定。

（5）智能合约和灵活性。不同业务可按照自身需求设计不同的智能合约模式。

三、区块链改变经济生态系统

随着市场摩擦的削弱，区块链有可能对整个经济格局产生影响。在交易成本和企业摩擦减少的情况下，现有企业将有机会寻求新的转型方式；而区块链推动的资本流动和价值交换也有机会改变市场运营模式。

首先，长期以来企业面对摩擦都会选择对自己有利的业务结构和运营方式。随着区块链技术的引入，企业形态也可能发生变化，提高自主运营能力，建立起新的业务网络。

其次，不同企业可以在商业合作中加深信任。在区块链情况下，每一笔交易都将被永久记录，网络中的智能合约、认证和数字合规系统能够将个体交易层面的新人整合起来。在此基础上的建立信誉系统不需要第三方作为中介进行管理，能够极大提高交易效率。

最后，区块链可以塑造新的市场关系。如使用区块链进行地产产权等资产注册可以帮助更多闲置资产参与数字商务体系，从而带来更多创造价值的机会。与此同时，区块链技术的应用有望提高市场的公平、公开性，为市场管理提供新方向。

第三章
区块链技术在金融领域中的运用

区块链技术与金融市场应用的契合度很高。区块链可以在去中心化系统中自发地产生信用，建立无中心机构信用背书的金融市场，从而在一定程度上实现了“金融脱媒”。

一、数字货币

（一）比特币的应用与监管

货币的历史从实物货币、纸质货币，到今天的信用货币，经历了几千年的演进。而数字货币在短短的几年间得到了迅速的发展，截至 2016 年 11 月 30 日全世界大概有 714 种数字货币，市值近 138 亿美元，其中比特币的市值占 85.7%，数字货币之所以能够快速兴起并得到中国货币调控机构的认可，与其本身的诸多优点是分不开的，正如中国人民银行指出，“数字货币可以降低传统纸币发行、流通的高昂成本，提升经济交易活动的便利性和透明度，减少洗钱、逃漏税等违法犯罪行为”。[①]

以比特币为代表的数字货币目前在世界范围内已经广泛流通开来，在一些专门的网站上甚至可以用数字货币进行商品交易，各国都出现了各种交易平台，如中国的 OKCoin、美国的 Bittrex、日本的 CoinCheck 等。数字货币已不再是科技爱好者的游戏，而是逐渐在朝着新的支付货币方向发展。比特币交易平台也获得了资产的青睐，商业交易平台 BitPay 目前市值估价大约为 16 亿美元。

---

① 李志杰，李一丁，李付雷．法定与非法定数字货币的界定与发展前景［J］．清华金融评论，2017（4）：28–31.

但是，区块链在数字货币领域的应用将会在以下几个方面给现有监管体系带来困扰：

（1）消费者保护。目前构建于区块链之上的数字货币均是非主权货币，价格波动极大。相较于背靠国家整体实力的主权货币，以比特币为代表的数字货币，其内在价值如何确定完全取决于市场参与者的价格感知与预期，金融消费者购买并持有比特币将面临巨大的市场风险。同时由于比特币被储存在数字钱包里，一旦私钥被盗，将给金融消费者带来财产损失，以及给国家的金融消费者保护带来挑战。

（2）构建在区块链上的数字货币交易分散于各参与者之间，不再集中于银行等中心。相较于传统金融，监管者缺少监管的抓手，不得不将监管面铺开，监管力量的分散，增加了金融监管的难度和负担。

（3）区块链构建的数字货币可以提供匿名、假名，为洗钱和犯罪提供了便利，给反洗钱监管提出了新的难题。

（4）比特币的数字货币一旦取得广泛应用也会给宏观货币政策的效果带来影响，其对法定货币的替代作用可能会阻碍央行维持低通货膨胀率以刺激经济。数字货币的便利性会加速货币的流通，影响货币供应量的政策效用，具体的程度取决于数字货币对法定货币的替代程度。

（5）分布式记账技术将对担保抵押、各种金融资产的登记注册带来影响，从而冲击大额实时支付系统、重要证券存管、正确结算系统。计算机程序在达成预设条件时自动完成支付，衍生出基于个体合约的新支付方式，会改变现有的金融规则。

目前，世界上主流国家对比特币等基于区块链的数字货币监管政策分歧较大，政策态度可以分为严禁、限制与准许三大类。例如，玻利维亚、冰岛等小国由于受到2008年金融危机的冲击，对资本外逃现象非常担忧，因而一般对比特币等数字货币非常谨慎，大多禁止购买、交易比特币。而相对地，美国、英国等发达国家一般准许购买和交易比特币，甚至对比特币和区块链技术表现出极大的兴趣。

美国对比特币持允许态度，其关于比特币的监管大体可以分为以下几个方面：

（1）货币监管。在美国，比特币属于“可转化的虚拟货币”，受《银行安全法》的监管，洗钱问题受银行监管机构——美国金融犯罪执法网络的执法监督。

（2）投资活动。比特币中的“挖矿”合同属于投资合同，属于美国证券交易委员会的监管范畴。

（3）财政。美国国内税务局出台了适用于比特币和其他可转化货币的指导意见，将虚拟货币看作一种需要缴付联邦税的财产。同时，美国各个州对于货币服务法律解释具有较大的自主性，因此对于数字货币的监管态度也不尽相同。

英国政府允许公民购买和交易比特币等数字货币，并且对区块链技术表现出巨大的兴趣。此前，英国财政大臣乔治·奥斯本强调了电子货币的潜力，表示希望英国能引导世界金融科技的发展。英国伦敦致力将自身打造成为最重要的Fintech中心，以对抗纽约、旧金山的金融影响力。英国央行对区块链和数字货币高度重视，对比特币交易免征增值税，并指出“数字货币有可能和移动技术相结合，将重塑安全支付机制，让交易在参与者之间直接进行”。

俄罗斯对基于区块链的比特币持限制态度。俄罗斯在2014年底由多个部门发布了禁止比特币的政府文件，主要是基于对比特币是否恶化了俄罗斯资本外逃问题的担忧。2015年初，俄罗斯关闭了境内的比特币网站并发出风险警告。俄罗斯总统普京曾公开表示：俄罗斯不排斥比特币，但“数字货币还存在真实而严重的问题”。

新加坡、澳大利亚、日本等国准许比特币投资，但不承认其货币地位，作为投资品，交易者需要征收商品服务税。

对于建构在区块链之上的比特币，中国持限制态度。2013年底，中国人民银行、工业和信息化部、银行业监督管理委员会、证券监督管理委员会、保险监督管理委员会联合发布了《关于防范比特币风险的通知》，视比特币为“虚拟商品”，并严格限制金融机构和第三方支付机构不得服务于比特币业务，防范比特币可能产生的洗钱风险，禁止使用比特币购买实物商品和服务。加强电信管理机构对比特币登记、交易网站的备案、检查与处罚。2017年9月，中国互联网金融协会发布《关于防范比特币等所谓“虚拟货币”风险的提示》，各类所谓“币”的交易平台，在中国并无合法设立的依据。在叫停ICO之后，中国监管当局要求境内比特币交易所制定无风险清退方案，于2017年9月底前关停。

（二）其他数字货币的应用

除比特币外，随着区块链技术的出现，还涌现出各种不同的数字货币。数字货币是实务货币的一种替代，但不同于虚拟世界中的“虚拟货币”，数字货币还可以用于现实生活中的服务与交易。根据数字货币的表现形式不同，目前普遍承认的数字货币分类有数字黄金货币和数字加密货币两种。

（1）数字黄金货币

数字黄金货币，也称数字金币（Digital Gold Currencies，DGCs），是以黄金作为依托的一种数字货币。数字金币的典型计量单位是金衡制克或者金衡制盎司，有时候也使用黄金迪纳尔作为单位。数字黄金货币由不同供应商发行，每个供应商发行各自的黄金数字币，并各自为其命名。当前正在流通中的黄金数字币包括首个黄金数字币供应商发行的 e-glod，2000 年创立的 e-Bullion，2001 年创立的 Gold Money，2005 年创立的 Liberty Reserve 等，拥有最大用户量的数字黄金货币供应商是 e-gold 和 e-Bullion。在黄金储备总量方面，Gold Money 是领导供应商。支持者声称数字黄金货币是一种真正全球的，无国界的独立于汇率波动的世界货币。因为数字黄金货币的标的金、银、铂、钯每一个都可以用国际货币代码 ISO4217 识别。

不同于部分储备的银行业，数字黄金货币百分百地把用户的存款以储值方式存储。数字黄金货币的支持者主张存款应该被保护，因为其可以避免由于法定货币天生的通货膨胀贬值和其他任何可能的风险。

数字黄金货币的存款以黄金而不是法定货币为单位计量，所以数字黄金货币的货币价值波动与黄金价格相关。如果黄金价格上涨，那么数字金币的机制就会升高，反之则会下降。

但数字金币也存在缺陷。数字金币的一大特征是交易不可撤销。不同于信用卡，数字黄金货币不能撤销交易，即便是合理的错误,如未授权的付款、销售商不发货等都不能撤销已发生的交易。

（2）数字加密货币

数字加密货币是指不依托任何实物，使用密码算法的数字货币。是一种依靠密码技术和校验技术来创建，分发和维持的数字货币 。密码货币的特点在于其运用了点对点技术且每个人都可以发行。截至 2016 年 1 月 26 日，全世界共有 666 种加密货币，总市值达 6,750,110,160 美元。

绝大多数加密货币的体量都很小，目前的加密货币市场仍以比特币（Bitcoin）为主，但以太币（Ethereum）、瑞波币（Ripple）和莱特币（Litecion）也占据了一定的市场份额。目前，在全世界有 46 家加密货币的市值超过 100 万美元，超过 100 万美元市值总量的加密货币有 8 种，前三大加密货币的市值占据总市值的 94.32%。

加密货币的价格往往波动剧烈。以最主要的加密货币——比特币为例：在比特币诞生之初的 2010 年，4 月的单价还不足 14 美分，而仅仅两年多的时间，就达到了 1200 多美元，增长了近一万倍，但是到了 2015 年比特币又曾经下跌至 200 美元，此后比特币的价格就在不断波动中一路飙升，截至 2017 年 8 月，比特币价格已经突破 5000 美元。与比特币类似，其他加密货币也波动剧烈，一天之内波幅就超过 10% 司空见惯，在极端情况下更是超过 100%。

加密货币与其他非加密货币最大的不同，是其总数量有限，具有极强的数量稀缺性。因为这一组方程式开源代码总量是有限的，如果想获得，就必须通过计算机的运算才可以获得。因为加密货币总量有限，所以具有稀缺性，开采得越多，价格就越高。

根据数字货币的流通的广度，还可以将数字货币区分为社群数字币、企业数字币和国家数字币。

（1）社群数字币

社群数字币是依靠社群的认可度来做背书的。比特币在一开始就是一种区中心化的社群数字币，在比特币社区和许多比特币爱好者的支持下，比特币先是在其社群范围内进行流通，随着比特币交易参与者的增多，比特币也拥有了其价值支撑。

目前市场上有数百种社群数字币，同一社群内使用同一种货币，这些数字币在经济利益上使社群形成一致利益，并通过社群内的交换和交易，将经济利益保留在社群之中，使社群拥有了独特的经济资源，吸引更多的外界用户参与。

（2）企业数字币

最早的企业数字币起源于企业虚拟币。从严格意义上讲，企业虚拟币并非真正的数字货币，而是一种代表可兑换企业一定数额商品或服务的等价物，如游戏币、积分、Q 币、储值卡等都属于早期的企业虚拟币。

当前，一些创业企业已经在进行相关尝试，如 Factom，基于自己的软件服务，已经发行了可兑换的虚拟币；再如 BitGold 和 GoldPay，在尝试使用黄金发行数字虚拟币。这些虚拟币有了数字货币的形态，具有了一定的货币属性，越来越多的企业正在尝试使用这种方式发行自己的数字币。

（3）国家数字币

顾名思义，国家数字币是以一国政府为发行主体的数字货币。由于是国家发行，由国家强制力作保证，以国家信誉做背书，使这一类数字货币更加接近货币属性。目前已经有国家以政府名义发行数字货币，如厄瓜多尔中央银行在2014年12月推出了“电子货币系统”，并于2015年2月开始正式运营，成为世界上第一个发行国家数字货币的国家。突尼斯也根据区块链的技术发行了通过邮政系统使用的国家版数字货币，国民可以通过国家数字货币买卖商品，还能缴付水、电费用等。其他许多国家也在探讨发行数字货币的可行性，如日本、俄罗斯、德国等。中国人民银行在发行数字货币方面也取得了新进展。人民银行推动的基于区块链的数字票据交易平台已测试成功，由人民银行发行的法定数字货币已在该平台测试运行，旗下的数字货币研究所也正式挂牌成立。相较于私人数字货币，国家法定数字货币在各国政府间得到了更多的肯定，也是未来数字货币的发展方向。

无论何种形式的数字货币，数字货币的核心就是一套高可信度、高一致性、高透明度，规则严密、纪律严格的数学算法，概括来看，数字货币拥有以下特征：

① 可编程性。数字货币在分布式账本上表现为不同的计算机代码，交易则表现为IP地址之间计算机程序与程序的交换。数字货币的可编程性使得人们可以编制智能合约，一旦双方或多方事先约定的条件达成，计算机将监督合约自动执行。数字货币的可编程性同时还能让政府拥有了追踪货币流向的能力，从而可以实施更加精准的货币政策。不仅如此，可编程性也能让金融交

易变得自动化，减少金融机构庞大的后期结算业务的中后台业务，提升了金融交易的效率，提高了资金周转速度，削减了运营成本。

② 可追踪性。物理结构的现金，即我们使用的货币完全不能被追踪，而基于区块链技术的数字货币却可以被追踪，这对于央行及对合规性负有很高责任的金融机构来说，具有重大的作用。

③ 信用的一致性。数字货币的发行机制依靠数学算法，靠一套可以经过反复验证的数学模型来建立信用。由于数学运算的结果是一致的，最容易达成共识，数字货币的信用因此而被建立。

④ 密码学特征。数字货币的安全保障机制依靠的是一套密码学算法，确保在没有中心化机构的帮助下，自主、自治地保证账务的真实准确。数字货币的运行依靠智能合约，作为可以自动执行约定的计算机程序，智能合约保障了金融交易的高效低成本运行，而这其实也是算法在起作用。

（三）数字货币的优点和缺点

首先，目前的数字货币除了少数国家政府发行之外，都是非法定数字货币。其法律性质模糊，非法定数字货币属于技术发展和金融创新相结合的产物，其作为一种价值载体在法律难以确定其性质和地位。目前，比特币等社区币是一种相对于法定数字货币的非法定数字货币，具有金融产品的性质和特征，将之定性为虚拟商品可能会掩盖其最为重要的货币特征。

其次，同比特币交易一样，部分数字货币引发人为炒作，导致其价格波动剧烈，有损持有者的信心，阻碍其发挥价值尺度、流通、支付等职能，须在不阻碍数字货币发展应用的前提下加强对人为操纵行为的监管。

再次，目前数字货币交易平台在设立标准、运行规则、安全性以及从业人员的准入资质方面，均无明确法律标准，缺乏相应的治理规则以及商业道德，导致恶性竞争、人为操纵的现象频频发生，加剧了非法定货币的价格震荡。

最后，因为数字货币可以以匿名方式持有，交易者很难获取对方的身份信息，加大了信息不对称程度，也增加了被违法犯罪分子利用的机会。

因为目前流通的数字货币存在以上风险，政府借助区块链技术发行法定的数字货币将成为数字货币流通的发展方向。各国央行希望通过数字货币提升交易透明度，而区块链技术，正可以满足这一需求。首先，区块链技术具有去中心化性，整个系统没有中心化的管理机构和硬件。其次，区块链技术还可以实现去信用化，银行系统中任何节点间进行数据交换都不需要相互信任。中央银行或其他政府机构发行法定的数字货币，可以利用区块链技术在私人数字货币的基础上增加身份认证等法律规定，避免数字货币交易中的风险，同时增加了央行的货币控制。

二、跨境支付与结算清算

（一）区块链与支付结算案例

目前，跨境支付交易业务在全球范围内快速发展。根据麦肯锡报告《2016 全球支付：尽管时局动荡，基石强劲不变》（*Global Payments 2016：Strong Fundamentals Despite Uncertain Times*），跨境支付交易量（payments volume）占不到全球支付的 20%，但是其交易费占全球支付交易费的 40%。在跨境支付收入的构成上，92% 是 B2B 支付，而 B2B 支付中有 90% 是通过银行进行的。B2B 跨境支付每笔规模为 15，000 ~ 20，000 美元，每笔需缴纳的费用为 30 ~ 40 美元 。

咨询公司埃森哲于 2016 年 7 月发布了一份报告称，每年通过银行进行的跨境支付交易有 100 亿 ~ 150 亿笔，规模在 25 万亿 ~ 30 万亿美元。

在增速方面，世界银行称，跨境支付每年增长的速度约为 5%，2016 年将达到 6010 亿美元。麦肯锡的报告则称自 2011 年以来，跨境支付收入规模每年的增速从来没有超过 4%，2008 年经济危机后的最低点出现在 2015 年，当年增速仅达 2%。

传统的跨境支付结算时间长、费用高，中间环节冗杂重复。随着贸易的发展，跨境支付结算的过程日趋复杂，付款人与收款人之间的中介机构显得更加重要。由于涉及跨境业务，每一笔的汇款中间环节耗费时间，而且需要支付多笔手续费。由于每个货架的清算程序不同，有时候一笔汇款需要 2 ~ 3 个工作日才能到账，成本和效率限制了跨境汇款业务的发展。

而区块链技术将改变这一难题。区块链技术的应用使中介机构不再重要，可以实现点对点的快速、低成本跨境支付。通过建立好的区块链平台，付款人与收款人可以直接在平台上完成支付，可以省去中介机构，节省了手续费用，还由于区块链技术的透明性提高了跨境汇款的安全性以及结算与清算的速度，提高了企业资金的使用效率。根据麦肯锡报告中的测算，全球范围的区块链技术在跨境支付与结算业务中的应用可以使每笔交易的成本从 26 美元下降到 15 美元。

由此可见，未来银行间的同业业务也可以不通过第三方结构，而是可以在区块链平台上实施点对点的支付方式。这样不仅可以实现实时支付、到账、提现，也可以消除业务中的隐性成本，还能降低跨境企业交易的资金风险，使跨境交易也可以像境内交易一样实现支付和清算的及时性、便捷性。

跨境支付创业公司 Align commerce 的创立人 Marwan Forzley 表示，“我们相信跨境支付格局将被打破，采用新的技术可以帮助减少一些摩擦，这就是为何我们会使用区块链的原因”。Forzley 声称其公司产品改进了传统电汇的跨境交易，这种解决方案带来的不仅是成本上的降低，还有其他方面的益处。

目前，基于区块链技术的 B2B 跨境支付项目中，已经进行了测试或应用的还包括以下几个：

（1）Corda

金融机构区块链联盟 R3 推出的平台 Corda，致力于通过区块链技术打造全球金融机构网络、处理复杂交易。例如，处理证券和金融衍生品的交易以及处理支付交易。

2016 年 10 月 20 日，Ripple 官网称其组织了 R3 区块链联盟中的 12 家银行在 R3 实验室和研究中心进行了跨境支付测试。在此次测试中，Ripple 强调 XRP 并非货币，并介绍了 XRP 这一“数字资产”作为跨境支付的中介功能。

（2）Hyperledger

Hyperledger又称超级账本技术，2015年12月，Linux基金会成立超级账本项目，致力于建立企业级区块链计划的公开标准。超级账本是一个私人认证网络协议，所有个人都需要注册会员服务来获取身份，从而进行网络访问及交易。截至2016年10月25日，超级账本项目已经有94家会员，这些会员分为正式成员和准成员两种，其中正式会员又分为核心董事会成员和普通成员。据不完全统计，截至2016年10月，超级账本中有18家中国成员，其中万达网络科技集团是核心董事会成员，其他为普通成员。

（3）Ripple

成立于2012年的Ripple服务于小额跨境支付用户。

Ripple官网称，“银行预测将出现新类型的企业客户，也就是运营直接连通消费者与供应商的平台业务的企业。这些新企业需要在数量众多的银行和非传统支付网络之间发送大量的小额跨境支付。银行目前不会也不能以经济上可行的方式支持这一功能。”

（4）OKLink

中国最大的比特币市场——OKCoin公司，推出了基于区块链技术的小额跨境支付平台OKLink，目前已覆盖包括日本、韩国和一些东南亚国家等在内的18个国家。

OKCoin和OKLink的创始人兼CEO称，全球中小型金融参与者，包括银行、汇款公司、互联网金融平台等是OKLink的主要客户，每月交易额达几百万美元。

（5）Snap Card

Snap Card 成立于 2013 年，总部位于美国旧金山。从 Snap Card 的官网来看，它的初始业务模式是帮用户使用银行账户购买比特币，后来进入企业跨境支付领域。目前其最新产品 MassPay 获得了中国玖富的投资。

（6）国际商业结算控股有限公司

香港上市公司国际商业结算控股有限公司（IBS，曾用名超越集团）表示，“IBS 正积极部署下一代全球清结算网络的新业务。集团将基于区块链、分布式网络等技术，发展新一代全球清算结算及跨境支付网络。通过连接各国央行实时清算系统，为各个国家之间提供一条更快捷、更高效、更低成本的金融高速路。基于独特的区块链的区域清算环技术，集团将搭建一个国际化、多币种、分布式的全球清算结算平台，旨在为全球跨境贸易企业及个人实现全球范围内点对点、7×24（一周 7 天，一天 24 小时）、多币种、实时的资金清算结算。”IBS 集团执行董事兼主席称，“人民币被纳入特别提款权货币篮子，为我们的全球清结算网络业务带来的将是巨大的商机。”

（二）区块链技术在清算结算方面的应用

（1）在清算结算方面，银行的作用及弊端

在清算结算方面，银行分为中央银行和普通银行。中央银行的两大职能是“促进宏观经济稳定”和“维护金融稳定”，[①] 主

① ［美］本·伯南克. 金融的本质伯南克四讲美联储［M］. 中信出版集团股份有限公司. 2017.

要手段就是管理各种证券和利率。央行的存在，为整个社会的金融体系提供了最终的信用担保。

普通银行业则往往基于央行的信用，实际作为中介担保，来协助完成多方的金融交易。银行的活动包括发行货币、完成存贷款等大量的交易内容。银行必须能够确保交易的确定性，通过诸多手段确立自身的信用地位。

传统的金融系统为了完成上述功能，开发了极为复杂的软件和硬件方案，不仅消耗了昂贵的成本，而且还需要大量的维护成本。即便如此，这些系统仍然存在诸多缺陷，如很多交易都不能在短时间内完成，每年发生大量的利用银行相关金融漏洞进行的犯罪。

此外，在目前金融系统流程情况下，大量商家为了完成交易，通常还需要额外的组织（如支付宝）进行处理，这些都增加了目前金融交易的成本。

（2）区块链技术在清算结算方面的应用

区块链技术被认为是有可能促使这一行业发生革命性变化的“奇点”。[①] 除了众所周知的比特币等数字货币之外，还有诸多金融机构进行了有意义的尝试。

目前，全球交易后的对账和处理费用超过 200 亿美元。央行的报告显示，区块链作为分布式账本技术，可以节约对账的成本，同时让证券所有权的变更将变得近乎实时。

央行行长周小川曾表示，央行数字货币将可能采用区块链模

① Tapscott, Don, and Alex Tapscott. Blockchain Revolution: How the technology behind Bitcoin is changing money, business, and the world. Penguin, 2016.

式。传统货币的流通模式或被彻底改变。2016 年 1 月 20 日，央行专门组织了“数字货币研讨会”，邀请了花旗、德勤等公司的区块链专家就数字货币发行的总体框架、演进、国家加密货币等话题进行了研讨。会后，发布对中国银行业数字货币的战略性发展思路，提出要早日发行数字货币，并利用数字货币的相关技术来打击金融犯罪活动。

加拿大央行正在开发基于区块链技术的数字版加拿大元（名称为 CAD 币），以允许用户可以使用加元来兑换该数字货币。经过验证的对手方将会处理交易，如果需要，银行将保留销毁 CAD 币的权利。除加拿大央行外，蒙特利尔银行、加拿大帝国商业银行、加拿大皇家银行、加拿大丰业银行、多伦多道明银行等多家机构也都参与了该项目。

2016 年 9 月 24 日，区块链国际峰会隆重召开。微众银行副行长兼首席信息官马智涛对外宣布，微众银行与华瑞银行已经联合开发了一套区块链应用系统，重点用于两家银行的微粒贷联合贷款的清算结算业务。该系统已经于 2016 年 9 月投入试运行。

新金融技术的兴起为传统银行带来巨大的挑战，同时传统银行也开始利用新金融技术提高营运效率和增强自身的竞争力。目前，重要传统银行将大量投资于区块链技术的应用，开发虚拟结算货币，用于升级自身的结算业务能力。尽管在技术上和监管上，虚拟结算货币系统的大规模应用受到限制，但是这种新金融技术仍然在传统银行领域存在广阔的应用前景。在可预见的未来，传统银行必然会继续对包括虚拟结算货币在内的各种新金融技术保持热度并增加投入。可以期待，新金融技术与传统银行之间最终会形成一个“你中有我，我中有你”的新格局，而最大的受益者将是它们服务的客户。

（三）支付结算的法律风险分析

目前，区块链应用于跨境支付的主要问题在于相关法律法规不健全，支付服务接受者的权利保护制度也还不完善。具体而言，区块链应用在跨境支付中还存在以下问题：

（1）缺乏有效的法律规制体系，监管不确定性较强

目前，支付方面的相关法律很不健全，缺乏统一的指导，在电子支付领域的规范主要有《电子支付指引》《非金融机构支付服务管理办法》《支付机构跨境电子商务外汇支付业务试点指导意见》等。

同时，对很多问题没有具体规定，支付机构开展业务时，尤其是利用区块链技术进行创新业务时，缺乏相应的法律法规依据。

（2）反洗钱问题

区块链技术应用于跨境支付领域，其多样性、灵活性和跨境交易决定了反洗钱规制问题难以解决。中国现行《反洗钱法》规定，履行反洗钱义务的主体包括境内设立的金融机构和特定的非金融机构，提供支付服务的主体有反洗钱的义务。

但目前大多数支付机构在跨境支付中没有直接的反洗钱规范。对于区块链技术所特有的匿名性特点，也将导致反洗钱的难度上升。

进言之，如果区块链技术导致跨境支付领域的去中介化和去中心化，很可能将没有具体的、个别的支付机构。反洗钱义务是全部归于监管部门，还是支付服务两端的个人也必须承担尚未定论，但无论如何都将导致监管部门的监管压力增大，监管不确定性的风险也随之增大，法律法规扼杀区块链技术应用于跨境支付的可能存在。

（3）支付服务接受者的保护问题

中国法律法规目前没有对于支付服务接受者定性的具体法律法规，保护的规范也不健全。而美国已经颁布《诚实信贷法》《统一商法典》《电子资金划拨法》等在内的一系列法律法规，法律体系比较健全。因此，中国支付领域的消费者保护还有很长的路要走，这决定了区块链应用于跨境支付的消费者保护缺乏完善的机制，区块链本身对支付逻辑的颠覆，更需要因地制宜地构建相应的保护机制。

（4）外汇管理问题

《外汇管理条例》既是国家外汇管理局获得法定监管职权的依据，也是关于跨境支付的基本法，但其中也没有关于跨境支付的详细规定，如跨境支付的收付与结收汇等。在中国，经营外汇业务的主体是金融机构，不具有金融牌照的区块链组织想要涉足跨境支付，尤其是涉及外汇的交易时，就面临缺乏进入门槛的问题。所以，区块链的发展是对中国如何监管提出的一次挑战，如何实现交易真实性监管，需要监管部门进一步采取措施。

（5）相关国际规则和外国法律的适用问题

跨境支付在 WTO 的《服务贸易总协定》，银行业巴塞尔相关协议和其他一些国际规则的调整范围内。区块链应用于跨境支付，需要对更多跨境支付的规则进行调整。很多国际通行的概念和惯例需要修正，但无论是国际条约，还是国际惯例，都需要经过长时间的讨论或者实践才能形成，这对崭新的区块链技术而言是存在问题的。

区块链技术应用于跨境支付，还涉及国内国外不同法律法规的衔接问题，将对现有的国际支付的法律法规及监管框架带来新的挑战。例如，各个国家电子支付法律监管体系特征各异，这在跨境支付监管中难免会发生冲突。从监管模式层面来看，美国以功能性监管为主；欧盟为机构监管为主；中国则是在形式上为机构监管，但在最新的实践中则存在功能监管的内容。各国的监管如何协调，也是一个很大的难题。

再如，当前国内外监管部门对支付领域的备付金的定性和监管措施存在很大差异。区块链技术应用于跨境支付，将导致备付金通过区块链流通于不同的法域，这将对其中承担中介职能的支付机构带来很高的合规成本和风险，这可能对区块链技术在跨境支付领域的发展造成影响。

支付作为一国金融的基础设施，对于国家的金融主权有很大的意义，在各国之间磨合出一条适合跨境支付，特别是区块链模式下的跨境支付监管路径需要长时间的努力。

（四）法律建议

（1）完善国内法律法规，加强技术治理

针对将来的区块链技术应用于跨境支付的场景，应该采取下列措施来完善国内的法律法规：

首先，加强技术治理。区块链本身是可信赖的技术，利用可信赖的技术如果足以完善监管，就无须投入更多资源在其他模式的监管中。因此，区块链应用于跨境支付的场景监管，最开始应当从技术角度着手，以改造和完善区块链技术，使区块链应用下的跨境支付足以满足监管的目的，不给非法行为可乘之机。如利用技术手段摒弃非匿名，使跨境支付全程可控、可追溯、可审查。

其次，完善基本法律制度。提高立法层级，由全国人大相关部门或者国务院牵头组织人民银行、银监会、外汇管理局等相关部门，尽早起草出台法律或者行政法规，明确区块链及跨境支付的合法地位，摆正监管方向，采取最先进的监管措施。

完善外汇管理制度，抓紧研究数字货币。数字货币应作为未来重要的货币方式加以研究和应对。完善外汇管理制度主要加强跨境支付监管，严格落实跨境支付业务审批和动态监管、技术治理机制，明确各主体的权利和义务，切实防范风险。

（2）加强消费者保护

加强消费者保护也是完善法律法规的重要方面。而同样重要的是加强行业自律和消费者教育。区块链组织应当完善消费者保护，加强消费者保护的行业自律措施。区块链技术有较高的技术背景，因此，特别需要加强相关的消费者教育，建立消费者教育基地是个很好的实践方向。

（3）加强国际监管合作

区块链的技术是崭新的，在跨境支付领域并无先例可循，因此更需要中央银行、其他金融业监管机构、立法机构同市场参与者开展协同研究与合作，根据实际情况，建立有效的跨境支付法律框架。同时加强国际监管协调，形成较为一致的监管政策。业界也需要紧密联系合作，尽快制定区块链技术应用于跨境支付领域的国际或者区域性通用标准。

如果不同的市场参与者采用的是不同的记账方式和核算周期，在各参与者之间的交易和合作中将会出现记账方式的转换问题，降低了交易的效率。中国工信部在《中国区块链技术和应用发展白皮书》中提出，应该及早推动开展区块链标准化工作，确立中国区块链标准化路线图。

三、票据交易

（一）区块链与票据交易

2015 年，随着多家商业银行的汇票业务陆续出现问题，国内票据业务的信用风暴集中爆发。国内现行的汇票业务约 70% 为纸质交易，很多环节包括审阅、验证交易单据及纸质文件等，都需要人工操作，这便造成了较高的违规交易风险，很容易产生违规操作或欺诈行为,同时由于较多中介的参与及监管漏洞的存在，致使票据业务的风险性进一步增大。

长期以来，为确保有价凭证传递的安全可靠，票据交易中一直有一个第三方。不管是纸质票据还是电子票据，交易双方彼此信任都是基于票据的真实有效基础之上。如果能够实现区块链技术在票据市场的应用，将带来票据市场形态的改变，并有效防范其间存在的风险：

借助区块链实现点对点交易，能够打破票据中介的现有功能，实现票据价值传递的去中介化；基于区块链技术的数字票据将更安全、更便捷、更智能；基于区块链不可篡改的特性，票据交易一旦完成，将会避免赖账现象的出现，同时防范“一票多卖”、打款背书不同步等情况的发生；基于区块链数据具有时间戳，数据管理体系完全公开透明，这将大幅降低监管成本。

Wave 已经和巴克莱银行达成合作协议，将信用证、提货单及国际贸易流程的相关文件放到公有链上，通过公有链进行认证与不可篡改的验证。借助区块链技术的的数字化解决方案可以完全替代如今的人工操作流程，进而实现端到端的完全透明，提升工作效率，降低风险。

在金融市场中，“电算化”作为现代金融标准执行 20 多年后，依然在框架内没有太大的变化。虽然其从精准化、细分化中按照不同的金融场景做了不同设计，也推出了贴切于各末端行业的不同系统，但总体来说，各金融系统由中心化服务器管控的设计思维依然没有变化，当然这也是技术限制的结果。① 此外，金融市场中人工影响因素最多、不可控风险最大的便是票据业务，如 2010 年齐鲁银行票据诈骗案、某银行兰州分行的 10 亿元票据诈骗案，以及 2016 年 1 月农业银行北京分行的 38 亿元票据诈骗案件等。发生票据诈骗案最主要的原因是票据贴现市场中票据验证环节出现问题。

当前，中国区块链的实际应用范围，远远没有像媒体报道那

① http://mp.weixin.qq.com/s?_biz=MzA3MDQ0NDk1Nw==&mid=2653594491&idx=1&sn=bdbb730e0249f3b5a874106a08fb45eb&chksm=84e2b189b395389ff6be4e81a0f8a4be76c3c1b7fff1c1001f05a18f4a67935865b565bbceff&mpshare=1&scene=1&srcid=1108bti6J8V515Itk047Tifn#rd.

样程度火热。要想让区块链“颠覆性技术”的头衔名副其实，除了企业需要加大科研力度，国家相关部门也应该高度重视，落实区块链的场景应用发展。

（二）票据的法律风险分析

第一，票据背书的问题。票据作为商事交易中的重要支付手段，具有“文义性”和“要式性”的特征，背书转让保证其安全便捷的重要方式。例如，《中国人民银行关于银行票据风险案件的通报》（银发〔2013〕148号）曾经通报一个因为对票据背书引发的法律纠纷，该案中某商业银行办理票据贴现时，未办理背书手续。后来，银行内部的犯罪嫌疑人利用银行管理漏洞，将已贴现票据出质给民间借贷人或转让给其他企业，给银行带来了巨额损失。未来区块链技术应用到票据交易之后，如何在现有法律框架下对票据进行背书是其必须要面对的问题。

第二，票据收益权转让问题。因法律规定票据转让须以特定的交易关系和债权债务关系为基础，在实践中为了促进票据的流通，部分当事人尝试以转让票据收益权的方式来实现票据的流通。《票据法》第10条规定：“票据的签发、取得和转让，应当遵循诚实信用的原则，具有真实的交易关系和债权债务关系。”但是，票据收益权能否作为与票据本身相分离的一种独立的权利，以及转让效力等尚存在争议。在票据收益权转让的模式中，有可能被监管机构认为实质上实现了票据的转让，但这种转让并无真实的贸易背景而涉嫌违规。在司法实践中，极端情况下甚至还可能被认定为非法经营罪。

第三，挂失止付和公示催告的法律风险。在票据流通过程中，票据可能出现遗失等风险，因其具有“要式性”和“文义性”等特点，为了保护善意第三人，需要及时对票据进行挂失以及公示，排除善意第三人对基于票据进行给付，或者排除是融资方与第三方恶意串通。在将区块链引入票据交易之后，如果发布在区块链的公示催告信息不易被普通公众获知，在相关诉讼法上也没有明确依据。

（三）相关立法及监管完善建议

第一，强化票据的无因性。如上所述，《票据法》第 10 条对票据交易提出了“真实的交易关系和债权债务关系”的要求，该条因其对票据无因性的破坏，损害了票据的交易流通，长期遭受诟病。近来，票据不仅在结算中大量使用其融资性功能日益显著，而《票据法》第 10 条成为票据发挥其融资性功能的法律障碍。在此基础上，理论界和实务界也都主张废除或缓和该条对“真实的交易关系和债权债务关系”的要求，国务院对《票据管理实施办法》及人民银行对《支付结算办法》等法规和规章也进行了相应的修订。同时，对支付结算类票据与融资性票据做出有区分的监管规定。并本着“实质重于形式”的原则，司法机构对于区块链引入后的票据交易业务也应从宽认定，尽量避免进行非法经营罪的认定和适用。

第二，明确票据权利共享的法律效力。建议呼吁最高人民法院在未来出台的物权法司法解释中，对于新兴金融形态中较为广泛存在的代理抵押或质押，以及多个债权人基于多份债权共享抵押权或质押权的法律效力予以确认，以提供该种操作模式的法律依据。

第三，完善统一票据公示催告平台，明确区块链公示的法律地位。针对当区块链引入后的票据交易挂失止付及公示催告的不规范现象，应该明确区块链公示的法律地位，但在区块链技术未普及之前，应当只作为补充。具体来说，措施如下：一方面，由中国人民银行在相关监管规章中完善票据挂失止付规则，对于拟质押及贴现的票据，需向承兑银行进行查询及电文告知质押或贴现事宜，对于已被告知质押及贴现的票据，不得接受挂失止付。对于发送的公示催告通知，承兑银行有义务告知已做查询的质押或贴现银行，以便后者提出异议并及时主张权利；另一方面，建议最高人民法院统一指定电子票据公示催告平台，所有公示催告的公告均须在该平台登载，各银行可以自身系统与该电子平台连接，在办理相关业务时可进行系统自动识别筛选，以实现公示催告信息的及时获知及采取权利申报等措施，切实保障相关方的正当权益。

四、 证券发行和交易

（一）区块链与证券发行和交易的关系

证券交易包括交易执行和确认环节。交易本身相对简单，主要是由交易系统（极为复杂的软硬件系统）完成电子数据库中内容的变更。而其中心的验证系统极为复杂和昂贵；交易指令执行后的结算和清算环节也十分复杂，往往需要大量的时间和人力。

目前来看，基于区块链的处理系统还难以实现海量交易系统所需要的性能（每秒 1 万笔以上成交，日处理能力超过 5000 万笔委托、3000 万笔成交）。但在交易的审核和清算环节，区块链技术存在诸多的优势，可以避免人工的参与。

咨询公司 Oliver Wyman 给 SWIFT（环球同业银行金融电讯协会）提供的研究报告预计，全球清算行为成本 50 亿 ~100 亿美元，结算成本、托管成本和担保物管理成本 400 亿 ~450 亿美元（390 亿美元都付给了托管链的市场主体），而交易后流程数据及分析花费 200 亿 ~250 亿美元。2015 年 10 月，美国纳斯达克证券交易所推出区块链平台 Nasdaq Linq，通过该平台发行股票的企业或个人将享有“数字化”的所有权。

除上述企业使用区块链进行证券发行和交易外，以下这些企业也使用该方式：

Bit Share 推出基于区块链的证券发行平台，号称每秒达到 10 万笔交易；DAH 为金融市场交易提供基于区块链的交易系统，获得澳洲证交所项目；Symbiont 帮助金融企业创建存储于区块链的智能债券，当条件符合时，清算立即执行；Overstockcom 推出基于区块链的私有和公开股权交易 t0 平台，提出“交易即结算”的理念；高盛为一种叫作“SETLcoin”的新虚拟货币申请专利，用于为股票和债券等资产交易提供“近乎立即执行和结算”的服务。

在传统的证券交易中，当证券所有人发出交易指令之后，需要依次经过证券经纪人、资产托管人、中央银行和中央登记机构这四大机构的协调，才能最终完成交易。整个流程手续繁复、效率很低、成本高启，而且这样的模式容易造就强势中介，金融消费者的权利却得不到有力保障。一般而言，从证券所有人发出交易指令，到交易最终在登记机构得到确认，整个流程一般需要T+3天。据估计，美国两大证券交易所每年需要清算和结算的费用预估高达650亿~850亿美元，但如果流程缩短为T+2天，每年将减少27亿美元费用。

如果使用区块链技术，买卖双方可以通过智能合约直接实现自动配对，并通过分布式数字化登记系统，自动实现清算和结算，这种去中介化的交易流程无疑将大幅减少交易费用。由于录入区块的数据不可撤销并能被短时间内拷贝到每个数据块中，录入到区块链上的信息便具有了公示的效果，正因如此，交易的发生和所有权的确认便不会产生任何争议。与以往交易确认需要T+3天不同，在区块链上，完成结算和清算仅需要约10分钟（在区块链上确认完成一笔交易的时间）。区块链技术使金融交易市场的参与者享用平等的数据来源，让交易流程更加公开、透明、有效率。通过共享的网络系统参与到证券交易，使传统的原本高度依赖中介的交易模式变成了分散的平面网络交易模式。

NASDAQ的LINQ为Overstockcom在2015年末发行的私募债，就成功实现了这个场景。2015年10月，NASDAQ在拉斯维加斯的Money 20/20大会上，正式公布了与Chain搭建区块链平台LINQ——首个通过区块链平台进行数字化证券产品管理的系统平台。对于股票交易者来说，区块链可以消除对基于纸笔或者电子表格的记录依赖的需求，减少交易的人为差错，提高交易平台的透明度和可追溯性。对股票发行公司来说，LINQ 更好地实现了管理股票数据的功能，让 NASDAQ 在私募股权市场中为创业者和风险投资者带来更好的服务。

区块链因其自身的技术特点备受追捧，各行各业也期待通过应用区块链技术带来变革。与此同时，区块链技术所面临的一些技术、监管和应用的挑战亟待解决。如何处理好这一系列的问题和挑战，成为瑞资科技能否利用区块链技术实现不动产资产证券化革命性突破的关键。

（二）区块链证券发行和交易法律风险分析

（1）线上“映射资产”在线下的效力问题

在以比特币为代表的区块链 1.0 时代，其所创设的数字货币就是所承载者的财产本身，是区块链上的“原生资产”。此时，财产本体和权利证明相统一。拥有对应的私钥，就拥有了对应账户下数字货币的绝对支配权，对财产的控制、处置无须任何外部第三方的确认或协助。

而到了区块链 2.0 时代，区块链所承载的内容发生了重大变化。用区块链登记的股份、债权、版权、产权等不再原生于线上。股份、债券、房产等的本体存在于现实世界，区块链上登记的只是现实世界财产权利的一种映射，我们可以将其称作“映射资产”。拥有对应的私钥，只能保证映射资产在区块链上的支配权。而在实体世界里真正行使权利时，往往都需要公司、政府等第三人的介入和配合。因此，区块链证券发行交易有效的重要条件是要符合法律法规的相关要求。

（2）实名认证问题

以 Bit Shares 为例，其强调自身保护隐私的能力。在区块链上，每笔交易的账目尽管是公开的，但是交易当事人身份被代码掩盖，即使有人能够通过大数据分析出个人的真实身份，但也得不到什么好处。一个匿名区块链上的“映射资产”由于缺少资产发行人、持有人等各方的身份信息，一般被认为是无效的合同。当资产持有人试图在实体世界行使对应权利的时候，难以证明其所持权益的合法性，则无法获得有效的法律救济。当区块链开始大量承载实体世界资产的时候，在某种程度上匿名便成了区块链技术在金融机构、主流企业得到应用的障碍。

中国的现行法律已经为区块链的实名化提供了完整的法律框架。2005 年颁布的《电子签名法》第 14 条就已经确认了，“可靠的电子签名与手写签名或者盖章具有同等的法律效力。”并规定可靠的电子签名需满足以下四个条件：

① 电子签名制作数据用于电子签名时，属于电子签名人专有；

② 签署时，电子签名制作数据仅由电子签名人控制；

③ 签署后，对电子签名的任何改动能够被发现；

④ 签署后，对数据电文内容和形式的任何改动能够被发现。

分析区块链技术的基本特点，应认为区块链上用私钥进行的电子签名符合上述法律要求。只要证明某个私钥（或其对应的公钥）持有者的身份，区块链上所有经过私钥签名的交易就都是实名化的。而目前最有效的证明方法就是向 CA 机构（数字证书认证机构）申请一份认证其身份的数字证书。

截至 2015 年，国家商用密码管理办公室已经许可了 38 家 CA 机构提供具备法律效力的电子认证服务，这些 CA 机构一般都采用和区块链类似的密码学方案。CA 机构用自己的证书为个人或公司颁发一份认证其身份的数字证书。证书内包含该个人或公司的真实身份信息以及证书持有者与颁发机构的电子签名，用以证明未来该证书所签署的电子签名是其本人的真实意愿，且在必要的时刻可以公开证书持有人的真实身份。于是，在区块链上进行实名交易时，双方互相提供 CA 机构颁发的数字证书即可，并且保证了身份信息只向对方披露。不参与交易的第三方不会获得这些数字证书，也就无法得知双方的身份信息。不想进行实名认证的用户也可以继续使用匿名的账户，但是无法参与到对方要求实名的交易中去。

（3）通过区块链进行证券发行中的法律风险

公开发行相较于私募发行，在信息披露、发行条件、监管方面都有更严格的要求。而根据《刑法》第 197 条的规定："未经国家有关部门批准，擅自发行股票或者债券数额巨大是违法犯罪行为，这是不能突破的底线。"

《证券法》中明确了公开发行的认定标准，根据该法第 10 条第 2 款和第 3 款及第 13 条的规定，公开发行分为以下两种情况：

第一，向不特定对象发行。不特定对象是一个相对的概念，主要是相较于与公司存在稳定业务、工作关系的客户职员而言的公众投资者。根据《证券法》第 10 条的规定："公司向不特定对象发行，无论人数多少都是公开发行。"通过区块链进行证券发行是否被认定为向不特定对象发行，需要根据承载发行的区块链的性质进行分析。如果是人人都能参与的公有链，则完全无法控制、筛选参与人。在案例中提到的 Bit Shares 就是向所有人开放的公有链，通过参与交易无须进行相应的审核等程序，可认定它为向不特定对象发行。

第二，向特定对象发行总计应超过 200 人，则会被认定为公开发行。一般会认为参与公司筹建、担任特定职务，或者与公司存在稳定业务关系的，是特定对象。

因此，如果希望通过区块链进行非公开证券发行，应选用私有链或联盟链，以限定、筛选发行对象的范围，确保与《证券法》《公司法》等法律规范中的相关规定相符。

（4）通过区块链进行公司股权转让的问题

在 Bit Shares 上的基础交易币 BTS 并不是货币，而是它内部用来结算的价值单位。其实质是一种区块链协议，因此没有货币方面的法律争议。通过 Bit Shares 进行股权转让和交易的本质是签署一份以区块链为载体的电子合同。

中国公司分为有限责任公司和股份有限公司，两者在公司股权的交易转让中的规定有所区别：

第一，《公司法》中跟有限责任公司的股权转让有关的有以下几条法律：第 71 条，有限责任公司的股东之间可以相互转让其全部或者部分股权。第 73 条，依照本法第 71 条、第 72 条转让股权后，公司应当注销原股东的出资证明书，向新股东签发出资证明书，并相应修改公司章程和股东名册中有关股东及其出资额的记载。对公司章程的该项修改无须再由股东会表决。工商行政管理部门申请公司变更登记（非必须，未变更不得对抗善意第三人）。

第二，《公司法》中跟股份有限公司的股份转让有关的有以下几条法律：第137条，股东持有的股份可以依法转让。第138条，股东转让其股份，应当在依法设立的证券交易场所进行或者按照国务院规定的其他方式进行。第139条，记名股票，由股东以背书方式或者法律、行政法规规定的其他方式转让；转让后由公司将受让人的姓名或者名称及住所记载于股东名册。第140条，无记名股票的转让，由股东将该股票交付给受让人后即发生转让的效力。

目前，《公司法》《公司登记管理条例》都没有明确规定股东名册的载体形式，公司可以根据自身需要，选取任何成文的记录方式来创立股东名册。相较于传统的纸质股东名册，区块链上的股权登记信息更不易被损毁、伪造、变更，易于查询。

有限责任公司和股份有限公司股权转让的最终凭据不同。股权转让过程中涉及的股东名册和工商登记均属于确权凭据，但对于有限责任公司来说，在工商管理部门的登记主要是对抗第三人的凭据。如果工商登记和股东名册登记不同，此时善意第三人依据工商登记进行股权交易，通过合理对价受让标的股权且完成工商登记，则可能适用善意取得制度；但如果第三人与转让股东恶意串通，故意损害真实原股东利益，则股权转让协议无效。因此，在区块链上完成交易，应尽快进行工商登记，以维护交易的安全，以及当事人的合法权益。

股份有限公司则不同，股权转让必须在依法设立的证券交易场所进行，因此，即使在区块链上进行了交易，如果没有和交易所设立相应的对接制度，达成认可区块链上交易的协议，则同样没有效力。

目前，区块链的股权交易系统开发主要针对中小企业、初创企业、股权众筹等。但是考虑到市场的协调统一问题，未来的股权交易市场不可能是完全割裂、分离的，有必要将各种类型的股权交易整合到一个先进的系统中去。这就需要国家的支持推动，将区块链技术更为合理而广泛地运用于像证券交易所这类的正规金融机构中去，更好地服务于社会大众。

（5）投资者适当性问题

投资者适当性保护要求证券公司评估投资者的风险承受和识别能力，区分投资者，向其销售与其能力相符的金融产品，从而保护投资者的合法权益，防止其暴露于超出自身应对能力的风险之下，并防止金融风险的形成和聚集。

由于区块链的分布式记账体系的特点，通过区块链进行证券发行和交易，将使证券公司能够轻易、真实、准确地了解客户在链上的历史交易信息。但却不能了解客户在现实中的身份、工作、教育背景等信息，从而无法对投资者的风险识别、承受能力进行评估，这会给投资者适当性管理的落实带来新的挑战。

（6）监管建议

随着科技的进步，证券登记交易方式也在不断变化，从以往的纸质媒介，到电子化，再到现在的区块链技术。技术的进步致使金融的效率不断提升，监管也应与时俱进，可从以下几个方面着手：

第一，有关部门作为特殊的监管节点进驻区块链。通过成为链上的一节，下载监测交易数据，从而掌握交易动态，方便及时进行执法。

第二，监管者在区块链设立之初，参与代码编写，将法律法规内化到代码之中。例如，非公开募集200人的上限，融资额上限等，可以通过代码的方式，内化到程序之中。

五、保险

（一）区块链与保险

（1）互联网保险的优劣势

集合与风险是保险经营的两个关键要素，而这两个要素是在特定的“时空”下展开的。互联网时代，“时空”被赋予了新的概念，人们对于“时空”的理解从本质上发生了改变。互联网时代的保险，带来了更多的想象空间。先来说“集合”，互联网提供了更多新的集合可能，突破了时空的限制，为碎片化管理和个性化服务创造了条件，对集合效率得到颠覆性的提高提供了可能；再来说“风险”，互联网构建了公开透明的交易环境，有效破解了信息间的不对称，从而为风险管理提供了新的可能性。

互联网为传统保险的改革带来了新的机遇，同时也面临很多挑战，最亟须解决的两个问题就是信用和安全。一方面，与传统模式相比，互联网保险的线上交易具有无法相比的便捷和经济，但如何保障“线上信用”的可信赖、可依靠，尤其在社会征信体系和网络信用机制尚不完善的现实面前，这关系到未来互联网保险能否健康持续发展；另一方面，互联网保险面临巨大的信息安全风险和信息泄露的道德风险，线上交易导致大量的用户信息、资金账户被暴露在互联网上，如何有效地解除这些安全隐患，是需要重点考虑的问题，否则无疑会成为互联网保险发展的障碍。

（2）区块链技术应用于保险行业的现状

区块链技术不依赖第三方的信任机制，实现点对点的价值传输，其核心是系统中的每个节点都参与记账，记录将永久保存，不可篡改，区块链技术的不可逆、可追溯等的特性，保证了记录在区块链上的数据更安全可靠，去中心化的本质，也使能够构建一个纯粹的“利益不相关”的网络验证机制，确保系统的可信性，从而构造一个深度可信、高度安全的网络交易环境。

区块链技术的特有属性，彻底改变了个人身份信息、资产状况等的登记与验证方式，全网形成了数据信息的自我证明机制，而不需要依赖中介机构或个人来建立信任。在获得许可的条件下，保险公司能够对资产信息、交易记录、医疗记录等客户数据进行全面的管理，这对数据的真实有效提供了绝对保障，进而为互联网保险业务的开展创建了更公开、更透明、更安全的网络环境。

智能合约是区块链技术的一项重要创新。当保险事件发生，同时保险赔付的触发条件得到满足时，智能合约便可自动执行，保险理赔程序随即启动，实现自动赔付，确保在“代码即法律”的框架下，保险合同得到有效执行。这带来的优势是，人工环节得到大幅减少，更高效。

此外，区块链技术与大数据相结合，可以实现大数据预测分析与智能合约的完美链接。作为一种有效的量化管理工具，区块链将预测转化为行动，可建立一套“反应—预测—执行”的自动化管理体系。同时，基于区块链，投保人可自己添加被保险人，建立一个高效的“家族谱”式的投保管理表单。这种“菜单式”的保单管理与基于智能合约的交易自动执行深度结合，有助于打通互联网保险自动化交易执行与管理的全链条，为客户提供一个基于网络共识和自动化执行机制的线上交易实现平台，由此催生基于信息化平台的点对点互助保险组织，推动互联网保险进入区块链 2.0 时代。

相较于传统保险，互联网保险更加注重用户的体验，强调便捷的交互式信息交流，追求低成本、高效率的创新驱动发展模式，更符合保险行业未来的发展趋势。互联网信用基础和安全机制尚不健全和完善，成为互联网保险的经营模式创新的“瓶颈”。保险行业难以营造符合互联网保险模式创新的网络信用环境，也无法构建起基于线上信用的安全信任机制。

无须相互认知和建立信任关系，区块链技术利用全网共识机制和全新的加密认证技术，维护一个完整的、分布式的、不可篡改的连续账本数据库，参与者可以通过统一、可靠的账本系统确保资金和信息安全。与此同时，由于具有开放、透明的特点，设计架构灵活，开放性，鼓励创新和协作，区块链技术可以确保金融信息和价值在安全可靠的前提下实现高效、低成本流动，实现保险行业信息与价值的有效共享。区块链技术有助于推动保险行业构建基于客观算法的安全体系和信用机制，构建安全、透明、信任的互联网保险业务发展生态。由此可见，区块链技术有效运用于互联网保险领域，将有助于推动打破传统保险向互联网保险转型的樊篱，保障信用和安全，实现互联网技术与保险行业的深度融合，推动互联网保险真正落地。

利用互联网技术，开展满足深层次市场需求的保险服务创新，一直以来制约着互联网保险业务的发展。区块链技术的出现，为互联网保险尤其是保险产品的创新，提供了一个有效的解决方案。区块链的分布式数据库实现了基于全网共识机制的跨区域信息和价值交流，模糊了区域乃至全球的地理界限，强化了不同个体和不同区域之间的交互关系，特别是打破了信息不对称对保险业务拓展的阻碍。同时，区块链的“时间戳”机制完整记录了交易和流转过程，且记录不可伪造和篡改，扩大了时间的影响范围，缩短了时间周期，使原来的保险期限再分段成为可能，并据此开发出更具时间弹性的多样化保险产品。区块链的跨时空特性，可以更加真实地反映承保风险，使保险公司能根据区域实际和时点特征，灵活调整保险产品的承保范围与定价，制定针对性的承保政策，有效拓展产品的覆盖范围，满足个性化、定制化、差异化和碎片化的产品需求，推动互联网保险产品的自我进化。

区块链技术，尤其是智能合约，应用于互联网保险领域，能够实现在分布式系统下保险合同的自动和自主执行，保险交易双方的交互性得到极大的提高。同时，大数据的大规模应用，数据维度和数量得到了极大的丰富，有效淡化了数据质量本身，从而实现了数据的“自验证”功能。正是基于这种“自验证 + 自执行”的组合形式，“自金融”模式才有了实现的可能，进而为人们提供了一个“点对点”的微型保险的“自解决”方案。不再受制于保险中介或中间商，基于区块链技术，市场参与者可自行创建风险池体系，更加主动、直接地自行管理风险，形成分布式“微保险”或“微互助”平台，并能够根据智能合约的实际执行情况实现不断自动重置和修正，保证模型能够真实、客观地反映风险水平，合理调整赔付资金池，从而确保覆盖风险。基于区块链的“点对点”互助保险平台，就像一个个去中心化的自治组织，可以在没有外部干预的情况下，在预先设定的业务规则下，安全可靠地以类似于公司的模式自动运行。

基于区块链技术的互助保险新模式，将使保险公司的角色发生改变，从传统的风险直接吸收者和处理者，向专业的风险管理顾问和风险资金池的管理者转变。去中心化保险互助组织的不断发展进步，推动着保险行业进入相互保险 2.0 时代，最终一个去中心化的“自治型保险社会”可能逐渐形成，在业务规则下市场参与各方各尽其责，保险业生态系统将可能打造一个透明、可靠、满意、信任、忠诚的保险社会，实现完全自治。

有效的市场应能同时实现“市场自由”与“监管有效”，这是符合市场经济理论的。但是，在传统模式下，实现两者的兼顾、平衡和融合是比较困难的，特别是在国际金融危机之后，在审慎监管原则的指导下，合规标准和内控要求不断提高，公司的成本在无形中被大大增加，但与此同时，风险改善的水平却不尽如人意，有效监管的形势依然严峻。

制度、技术和文化是金融风险管控的关键，这是被实践证明了的，但从总体趋势来看，监管将实现从“更制度”向“更技术”转变，而区块链为“更技术”的监管提供了可能。借助区块链多方验证的交互式共识信任机制，可探索打造保险行业的自我监管平台。其核心理念在于，基于区块链技术，让所有客户端或节点都能参与审批保险业务交易，实现点对点管理系统，同时系统内置检查与平衡机制，确保系统中的任何计算机都不可能欺瞒系统。

借助“全网监督”，基于区块链的无法篡改、可追溯性，确保保险行为的真实与合法，强化信息对称与交易安全，实现保险行业的高度自律与自治。在保证市场效率的前提下，监管成本有效降低，监管有效性得到提高。在以区块链为代表的技术推动之下，保险监管将实现三大转变，也就是说，从制度监管到技术监管，从政府监管到行业自律，从公司合规到社会监督。比如，利用区块链技术的“啮合记录”特点，强化身份信息识别，增强数据信息存储的安全性与稳定性，有效减少保险欺诈；利用区块链的可编程与可追溯特性，实现对保险交易资金的有效执行、跟踪和监控，确保资金流向的合理与合规，杜绝违规操作与运用资金；等等。在保险业务手续费去向管控、政策性补贴资金去向管控、保险资金投资运用去向管控等方面，未来应用前景广阔。

（3）区块链技术应用于保险业的注意事项

首先，区块链的金融应用需引起高度重视，并尽快推进行业顶层设计。区块链技术自出现以来，便引发了全球金融业的广泛关注，区块链技术在金融行业的创新与应用方面的研究和探索可谓如火如荼。中国保险业应对区块链技术给予高度重视，将其作为未来保险业尤其是互联网保险业创新发展的基础技术。要将区块链技术应用作为行业发展的重要基础，纳入“十三五”规划，同时，要在加强学习和掌握区块链技术的前提下，系统性地规划保险业的区块链应用，以顶层设计统领并统筹整个行业，有效整合各类资源，力求重点突破，创新商业模式。

其次。客观看待区块链商业应用面临的挑战。目前，全世界范围内的区块链技术发展仍然处于初期阶段，技术方案、应用场景和商业模式仍待进一步探索和完善。①技术层面，如高耗能、数据存储空间制约、处理大规模交易的有效性和抗压性等；②安全层面，如加密算法的安全性、客户端的安全问题等；③政策层面，如去中心化的区块链与中心化的政府监管之间的有效融合、线上线下关联公证、法律效益保障、价值认可等。

再次，加强储备区块链技术与人才，积极投入参与并推动行业标准的制定。保险行业需要密切关注国际区块链领域研究与创新发展的最新动向，尤其是在金融保险领域的创新实践，不断加强相关技术与人才储备。与此同时，还需要不断强化与国际相关组织和机构的沟通，积极参与和推动区块链在国际金融业，尤其是在保险业应用过程中的标准制定，避免被动跟随，把握主动，争取具备在未来保险行业区块链应用过程中的先发优势。

最后，密切关注行业监管政策引导与跟进，强化沟通。区块链技术在互联网保险领域得到有效利用，可有助降低市场监管的需求，推动保险监管向制度性、平台式、社会化监督转变。保险监管部门应密切关注区块链在监管领域应用的最新动态，不断转变监管理念，不断提升监管的有效性，促进市场各方共生、共存和共赢。同时，保险机构一方面要高度关注并不断深化区块链技术与创新应用研究；另一方面也要密切关注监管机构在区块链技术方面的最新监管方向，加强与监管部门的有效沟通与交流，充分掌握和理解政策导向，在确保依法合规的前提下，最大限度地发挥区块链创新技术应用对保险业务开展的有效支撑和助推作用。

无论是互联网技术还是区块链技术，大的方向都是去中心化，去中介化，这是顺应时代科技发展的大趋势。区块链＋保险的“四个机会”① 金融业相比其他行业，对数据的利用、处理和安全有着比较高的要求，区块链技术正在用去中心化的技术特点和更加安全、稳固的技术构架在保险行业里做着一些改变和创新。

（4）区块链技术应用于保险行业的四个机遇

安永发布了《区块链技术：数字化新平台对保险业的影响》报告。报告对区块链技术应用于保险市场的四个机遇进行了解析。

第一，识别欺诈和防范风险。区块链取代了被信任的第三方，通过提供分布式数字资源库消除错误、过失和识别欺诈，以独立地验证客户、保单和理赔（含有完整的交易历史）的真实性，防止重复交易并提供了对所有交易的可验证公开记录。

基于区块链技术可以提供公开分类账及加密个人数据，许多保险公司开始借助应用程序减少与多货币即时付款及跨境相关的欺诈和责任；在专业保险和再保险市场上，一旦保险公司被终端客户或服务供应商移除达到三次或四次，那么，前、后台出现低效、差异和错误的概率，将会因为较低的数据质量而提高。

第二，理赔管理数字化。保险公司正在寻求建立以理赔为中心、以客户为根本的理赔模式，以超越以算法为基础的欺诈检测。理赔管理以信任、损失的预防、减轻和修复为基础；完善理赔管理和客户服务的主要解决方案将是移动和数字技术；手机拍照可

① ［DB/OL］. http://mp.weixin.qq.com/s?_biz=MzIwMDQxNDk3Ng=&mid=2650551032&idx=1&sn=43f0fee18b123c7f5982e9dd66f152e4&chksm=8ef51097b9829981189cac6a9781e6470470323b14fc839d3fed68c19c5b54b882d49b54d106&mpshare=1&scene=1&srcid=1108yJqBgv5nrMn5uHLyuGKp#rd

以直接作为证据，使数据流更加及时，从而使理赔成本降低，客户满意度得到提高；结合卫星图像使用移动技术，从而使偏远地区发生自然灾害的情况下支付理赔更加方便，确保为每一个受灾者提供灾备服务；从气象站收集数据信息，从而可以根据实际天气数据进行理赔，这就消除了向基于数据准确性进行支付的农业或商业企业提供灾后理赔服务的需求；提供历史和准确的第三方交易数据以预测分析趋势。

第三，全新的分销和颠覆。很多世界领先的保险公司正在与支付业务的代表性企业（如比特币技术供应商）建立联盟，以实现单一全球账本下的资本效率并拓展其网络。驱动自动化以获取设备和合同中的风险数据，还提供了获取市场知识、自动化支付和吸引风险融资的新机遇；利用保险区块链保证准确性从而可更快且自信地做决定；汽车保险产生大量的创新数据和交叉销售的机会。嵌入式黑匣子和移动设备与GPS设备进行通信，通过基于使用的保险（UBI）计算保费；区块链技术将可能驱动小额保险和小额融资的创新，这些保费、理赔、贷款和其他交易的移动支付的对等网络将会覆盖基于合同的智能云环境下的手机端，并需要验证新市场中的合同和客户身份，从而进行分布式认证业务；保险公司正在开发不受空间和时间限制的手机钱包，实现客户拓展，帮助产品实现功能定制并降低地理位置的重要性；大数据资源为保险公司提供了具体和准确划分客户行为的更多机遇以及承诺向这些合适的机遇投入研究和开发资源。很多保险公司都在探索区块链的应用能力，以减少欺诈并驱动颠覆；经纪人与新的分销合作伙伴协调一致，同时也推动了新一波中介的浪潮。

第四，网络责任险。区块链通过聚焦于数字化资产（网络以及对数据节点、交换机、路由器、事件日志和二进制文件的配置）的完整性为安全专家增加了一项新的实时功能，可独立、实时地验证网络的状态。这意味着，网络空间解决方案的保单措辞将采用类似于为物理安全出具非寿险保单的方式，为区块链标准的建立提供参考。①

阳关保险推出的“区块链＋航空意外险卡单”是国内首个将主流金融资产放在区块链上流通的业务。这预示着，国内主流金融将开始接纳区块链这项新技术，并应用到实际的金融场景中。航空意外保险一直是保险造假的“重灾区”，航空意外保险被渠道中介商抬高价格赚取差价的现象屡见不鲜。区块链技术恰好能够针对这些问题提供解决办法。只有在飞机发生意外时，大多数航空意外险才会进行理赔，所以在很多时候，客户即使买到了假保险也不容易发现。通过与区块链结合，可以有效防止“假保单”。依托其多方数据共享的特点，可以追溯卡单从源头到客户流转的全过程，各方不仅可以查验卡单的真伪，还可以方便后续理赔流程等。

（二）区块链与保险的法律风险分析

(1) 去中心化类保险服务与法律纠纷

区块链技术虽然不是为保险服务而诞生，但天然地与保险行业不谋而合，有着基因相似性。区块链上的每一个节点都完整

① 转引自安永发布的《区块链技术：数字化新平台对保险业的影响》报告。

地保存了所有的交易信息，而且都可信任。随着区块链 2.0 的发展，智能合约诞生。在区块链中加入脚本，使之自动执行标准化的、简单的、满足一定条件的合约。至此，区块链技术完成了一次跳跃，从比特币中脱颖而出，能够与更多的行业进行结合，产生了更多的应用场景。反观保险行业，存在很多行业痼疾，较多的是投保人骗保和理赔纠纷。投保人骗保也分很多种情况，包括投保人在投保时隐瞒自己的真实信息、夸大自己的真实情况、谎报年龄、制造虚假事故、虚构保险标的，或者通过在多家保险公司投保等方式骗保；在理赔方面也存在许多纠纷。无论何种保险，人们对事故鉴定都存在不同的看法，从而导致理赔纠纷，或者保险公司利用其信息优势，通过不利于被保险人的合约解释规避理赔。对此《保险法》对双方当事人规定了相应的义务。如投保人的如实告知义务、保险人的明确说明义务等。将区块链技术的特点与保险行业痼疾结合起来看，不难发现两者的结合点和融合性。区块链具有不可篡改性和可追踪性，投保人、保险公司等可充分信赖该信息，因此个人在区块链上留下的信息可以作为个人的信用数据使用。当投保人进行投保时，保险公司可以就个人信息进行查询。在投保环节缓解了保险公司处于信息不对称地位的状况，大幅降低了投保人证明自己和保险公司查明投保人真实情况的成本，同时也为保险合同后续的履行加注了一层“保险”。在理赔阶段，因事先可将有关理赔条件等写入区块链中，所以理赔条件一旦满足就直接自动进行理赔。

区块链虽然能够准确记录以往的交易信息，但是却无法保证交易当事人最初输入的信息是准确和真实的，这种错误包括输入错误、恶意输入他人信息等。如果发生了这种情况，在此基础上进行保险交易，既侵犯了投保人和保险公司的利益，也为恶意输入者获取不正当利益提供了条件。

（2）区块链上记录的有关保险合同当事人之间的权利义务代码的法律性质

区块链上记录的有关保险合同当事人之间的权利义务代码（以下简称代码）是否属于保险合同的一部分，将影响保险合同的成立与生效。《合同法》第10条规定："当事人订立合同可以采用书面形式、口头形式和其他形式。"《保险法》第13条规定："投保人提出保险要求，经保险人同意承保，保险合同成立。保险人应当及时向投保人签发保险单或者其他保险凭证。保险单或者其他保险凭证应当载明当事人双方约定的合同内容，当事人也可以约定采用其他书面形式载明合同内容。依法成立的保险合同，自成立时生效。投保人和保险人可以对合同的效力约定附条件或者附期限。"投保人和保险人之间达成共识，保险合同即告成立，并于成立时生效，保险合同属于诺成合同，而非要式合同。因此，代码理论上不影响合同的成立。由此衍生出两个问题：一是代码的存在是否影响合同成立及生效的时间点；二是代码是否有成为保险合同成立的必要形式。下面针对第一个问题进行讨论。根据《合同法》第25条的规定："承诺生效时合同成立。"因此，承诺生效时保险合同即告成立。在实务中，保险公司同意承保并非一个简单的过程，需要经过多个环节，包括承保准备、业务审核、录单、核保（分保安排）、收付费处理、打印保单、单证归档、送单等多个环节。[1] 代码的存在能否影响保险合同的成立取决于代码是否是保险合同中的必要内容。代码利用智能合约技术，后期会根据事故的发生情况，自动执行合同。因此，代码将是影响保险合同能否顺利执行的关键环节。如果将代码的写入以及双方确认作为保险合同的必要内容，那么必将会影响合同生效的时间，而仅将其定性为后期需要执行的保险合同义务，那么将对此没有任何影响。究竟将其定性为保险合同中的必要内容，还是保险合同中需要履行的义务之一，或者应将其作为必要形式，还需从保险行业的发展、保险合同当事人的利益角度来考虑。

（3）区块链模式下的保险公司准入制度与现有规定的冲突

中国《保险法》对保险公司做出了相应的要求。《保险法》第 68 条规定："设立保险公司应当具备下列条件：（一）主要股东具有持续盈利能力，信誉良好，最近三年内无重大违法违规记录，净资产不低于两亿元人民币；（二）有符合本法和《中华人民共和国公司法》规定的章程；（三）有符合本法规定的注册资本；（四）有具备任职专业知识和业务工作经验的董事、监事和高级管理人员；（五）有健全的组织机构和管理制度；（六）有符合要求的营业场所和与经营业务有关的其他设施；（七）法律、行政法规和国务院保险监督管理机构规定的其他条件。"第 69 条规定："设立保险公司，其注册资本的最低限额为两亿元人民币。国务院保险监督管理机构根据保险公司的

① 卞江生．关于"保险人同意承保"的几个法律问题——兼论保险合同的成立、生效与保险责任开始［J］．保险研究，2012（12）：98.

业务范围、经营规模，可以调整其注册资本的最低限额，但不得低于本条第一款规定的限额。保险公司的注册资本必须为实缴货币资本。”在区块链模式下，保险公司的部分业务逻辑将有所改变。区块链在保险领域里的应用场景包括自动理赔、互助保险、P2P保险模式。自动理赔是指通过区块链的智能合约技术，保险公司可以无须等待投保人申请理赔，就能主动进行赔付；互助保险是指用户通过点对点互助的形式，在没有资金池的情况下，通过互助来达到保险的目的；P2P保险实则是一个保险交易市场，用户可以在市场内提出自己的保险需求，保险公司随后通过自己掌握的历史数据给这个保险需求计算出一个参考保费和响应的承保方的预期收益率。随后，想要提供承保服务的用户就可以竞标这份保单。[①] 在互助模式下或者P2P模式下，保险公司可能无须建立传统保险公司所必需的资金池，并且因为资金来源于投资人用户可以轻资本运营。同时，保险公司对于技术的依赖性提高了。因此，需对保险公司的准入制度做出相应的改变，来促进行业的发展。

（4）监管建议

制定严格的、完整的制度，保障初始输入信息的真实性与准确性。分别规定发生错误输入、非授权输入等情况下，保险公司和投保人的义务、举证责任以及责任承担。

保险公司应提高技术水平以保障公司正常营运。技术达标才能够保障从最初保险人投保到理赔整个环节正常延续，从而防止

---

① 长铗，韩锋，等. 区块链——从数字货币到信用社会［M］. 北京：中信出版社，2016：172-173.

行业出现系统性的风险。

政府应该作为积极的监管者加入到保险区块链上，对保险行业的运营情况进行监听，从而对违反相关规则的行为进行及时有效的监管，防患于未然。

六、客户征信与反欺诈

（一）区块链与征信反欺诈的案例

近年来，为了满足日趋严格的监管要求，全球各个国家的商业银行持续加大资源投入以强化信用审核及客户征信，进而提升反洗钱、反欺诈的本领，以抵挡复杂的金融衍生品过度交易带来的系统性风险，这导致银行的成本不断攀升。2014 年，UBS 为了应对新的监管要求，增加了约 10 亿美元的支出；2013 年至 2015 年两年间，汇丰集团法律合规部门的员工从 2000 多人增至 7000 多人，增加了 5000 多员工。为提高交易的安全性，银行投入了相当的金钱与人力，这已经成为极大的成本负担。

记载于区块链中的客户信息与交易记录有助于银行识别异常交易并有效防止欺诈。区块链的技术特性有助于改变现有的征信体系，在银行进行 KYC 时，可以把客户的所有数据存储在区块链上。一方面，客户信息及交易记录能够及时更新；另一方面，在有效保护客户信息的前提下，实现客户信息和交易记录的自动化加密关联共享，这样一来，就减少了银行之间不必要的重复劳动，进而节省了大量的合规成本。同时，银行还可以通过分析、监测在共享的分布式账本内出现的异常的客户交易行为，尽快发现并清除欺诈行为。总之，区块链技术的加入，将为金融机构在发掘潜在业务机会、判断风险暴露方面提供有效帮助。

（二）客户征信与反欺诈的法律风险分析

(1) 当前征信活动法律规范的重点

当前与征信相关的法律法规有人民银行 2013 年颁布的《征信机构管理办法》；2014 年 11 月，《征信机构信息安全规范》颁布出台。征信机构赖以生存的基础是信息安全，确保征信机构落实信息安全等级保护机制，为征信机构信息安全管理提供了科学依据。

① 注重保护信息主体的合法权益

在征信业务活动当中，征信机构会采集大量个人及企业的信息并储存在征信系统中，包括个人身份信息、信贷信息、信用交易信息、公共事业缴费信息、企业的基本信息、财务信息、经营与决策信息、行政处罚信息等。信息主体的消费信息、社交信息以及位置信息等，则是一些面向消费金融、互联网金融的征信机构需要采集的。这些信息几乎包含了信息主体社会经济生活的所有方面，一旦发生泄露，必将对信息主体的权益造成侵害，甚至危及社会稳定，必须注重征信过程中对信息主体合法权益的保护。为防范信息滥用和信息泄露事件的发生，维护信息主体的合法权益，征信机构应严格遵守《征信机构管理办法》《信息安全等级保护管理办法》《征信业管理条例》等有关规定，建立、完善征信业信息安全等级保护制度，确保信息安全和征信服务的连续性和稳定性。

② 征信部门与国家信息安全相关规定承接

国家信息安全部门已经出台了一系列与信息安全相关的法律法规和制度标准，这些法规制度共同构成了中国的信息安全等级保护体系。《征信机构信息安全规范》在管理思路上应该与国家层面的信息安全登记保护体系的规定相一致，按照“定级备案—建设整改—等级测评—监督管理”流程，对征信系统实行安全等级保护。

当前这些规定制定参照的背景基础是中心化的征信系统，而区块链有独特的信息安全逻辑，在此背景下，区块链征信可能会面临一些法律规则上的难题。

（2）区块链征信应如何适应中心化的信息安全要求

区块链征信被行业期待,赋予了解决征信行业核心难题的重任，即以往征信参与方都希望多把数据保存在自己的数据库，少在公共数据库分享。而区块链的出现，通过基础构建数据共享的制度，成员每次向链上提交数据都可以获得币，对应将来数据中查询的次数权限，从而实现链上各成员人人为我，我为人人的目的。

① 中心化的征信信息登记保护和区块链内在特质的冲突

关于征信机构信息安全的相关规范。目前，主要针对中心化的信息系统，对征信机构的设备和人员管理都提出了很多具体的要求，和区块链征信系统相冲突，区块链征信在合规方面适应起来难免“水土不服”。

征信机构信息安全一般归为等保三级水平。根据《信息安全等级保护管理办法》的分类，第三级信息系统受到破坏后，会对社会秩序和公共利益造成严重损害，或者对国家安全造成损害。在办法中规定了：“信息系统建成后，运营、使用单位或主管部门应该选择符合规定条件的测评机构定期对信息安全等级状况进行测评，第三级信息系统应当每年至少进行一次。第三级以上信息系统的产品研制、生产单位是由中国公民、法人投资或者国家投资、控股的，在国内具有独立法人的资格；产品的核心技术、关键部件具有中国自主知识产权；产品研制、生产单位及其主要业务、技术人员无犯罪记录。同时，涉密的信息物理存储只能在国内，结合区块链的特性，则需要对每个新加入的 IP 地址进行检测。”

而在《征信机构信息安全规范》中，则明确提出了服务器端的物理安全要求，包括物理位置的选择应在防震、防风、防雨的建筑内；物理访问控制，机房入口应安排专人值守、审批；机房设施应具备防盗窃、防破坏、防雷击、防火、防水、防潮、防静电、电子防护和电力供应等硬件条件。

中心化的信息系统要求重点保护好核心服务器，以保证数据的安全。现行的规范对机房设备的管理提出了较高要求，而区块链的安全逻辑与中心化的信息系统不同，区块链的特性决定了链上节点越多，全链算力越大，也就越能对抗恶意篡改，信息备份的数量也就越多，个别节点信息都丢失而破坏全链信息完整性的可能也就越小。但同时，节点越多也意味着物理节点越多，设备越分散。要想让区块链信息系统中的每一个物理机房都满足《征信机构信息安全规范》中的要求，对每一个物理节点都应按照信息安全规范进行合规整改、定期测评，其成本将比中心化的征信机构高出很多。而在人员管理上，区块链系统具有较强的自动性，将节省人员成本开支。

② 信息遗忘权应如何实现

征信的目的是：一方面，保护交易相对人的知情权；另一方面，为了促进社会诚信。而如果储存在征信机构的负面信息将永远不能清除，信用得不到改进，那么征信对象就会在一定程度上丧失通过努力规范行为的动力。

有时，征信机构需要删除已经录入在数据库中的特定信息。例如，《征信管理条例》第 21 条规定：征信机构不得披露、使用自不良信用行为或事件终止之日起已超过 5 年的个人不良信用记录，以及自刑罚执行完毕之日起超过 7 年的个人犯罪记录。比如，在信息采集过程中，误将未成年人受保护的个人隐私信息上传至公共的区块链征信系统中，链上的信息每个人都能看到，而其下一个链的开头由上一个链的哈希值决定，环环相扣，链上永久记录的信息无法被彻底删除。在这方面，区块链征信系统应如何和现行规范相吻合，实现及时有效的信息清除，仍需调整研究。

同时，存储在区块链上的数据一般情况下，每个账户均由代码替代真实的个人名称，然而，如果掌握全链上足够多的数据，通过大数据分析，仍然是有可能对应出真实的个人。区块链征信实现数据开放和个人隐私的平衡仍是技术进一步发展的关键。

③ 在信息获取的途径上，应注重来源的合法

《刑法》第 285 条规定了非法侵入计算机信息系统罪。违反国家规定，故意侵入计算机系统或者采取其他技术手段，获取计

算机信息系统中存储、处理或者传输的数据，或者对该计算机信息系统实施非法控制，侵入国家、企业和个人的计算机系统是犯罪的行为。一些征信机构为了确保数据上的优势，省去自己采集第一手数据的麻烦，利用不合法的间谍手段从其他信息采集机构如银行、运营商等获取数据，行为是不合法的。对于区块链，相较于中心化的征信系统，各个节点都有可能上传信息，对信息来源质量、合法性的检测，应更加重视。

区块链技术利用其可溯源、不可篡改等特性，能够有效降低征信成本，提升征信的效率和便捷程度，但在和现行征信法律规范的衔接以及如何保障征信对象合法权益方面，仍有待解决的问题。这需要立法者在未来的法律规范解释或修订的过程中，充分考虑区块链内在的信息保护逻辑，对区块链征信的信息保护提出更切合的要求；也需要区块链征信系统的构建者完善技术和设备，使区块链更适应征信工作的需要。

七、资产交易

区块链在资产管理领域的应用具有广泛前景，能够实现有形和无形资产的确权、授权和实时监控。对无形资产来说，基于时间戳技术和不可篡改等特点，可以将区块链技术应用于知识产权保护、域名管理、积分管理等领域；而对有形资产来说，通过结合物联网技术为资产设计唯一标识并部署到区块链上，能够形成数字智能资产，实现基于区块链的分布式资产授权和控制。例如，通过对房屋、车辆等实物资产的区块链密钥授权，可以基于特定权限来发放和回收资产的使用权，有助于房屋租赁或车辆租赁等商业模式实现自动化的资产交接；通过结合物联网的资产标记和识别技术，还可以利用区块链实现灵活的供应链管理和产品溯源等功能。

（一）贵金属交易

加拿大数字货币创业公司 Bit Gold 总部位于多伦多，提供了一个专注黄金，以消费者为中心的互联网平台，用于全球区块链支付，同时提供安全、可赎回的黄金存储系统。Bit Gold 平台的灵活性能将使黄金成为一个核心存储账户以及数字货币，形成无缝全球支付，提供一个现实中的存储柜和安全阀。

近年来，中国贵金属交易市场势如破竹，得到迅猛发展。贵金属交易市场的规范发展具有重大意义，有助于增强相关产业链上下游之间的互通互联，减少流通环节的成本，提升产品流通的速度，并能够将诸多供应链服务要素，包括信息服务、交易服务、物流服务、金融服务等进行有效整合，助推贵金属等相关领域的供给侧改革。与此同时，贵金属交易市场的发展壮大，有助于提升中国在国际贵金属交易市场上的影响力和话语权，这对提升国家金融安全、抵御国际金融风险具有非凡意义。

目前，中国的贵金属交易平台主要有以下两类：一类是国内成立的平台；另一类是获境外单位授权的平台。前者一般位于沿海一线城市及内陆的省府地域，其合法性由当地省级或市级政府颁发的经营许可证来证明。在国家关于贵金属交易条例尚未健全的情况下，存在较多的监管空白地带，令一些企图以欺诈手段达到“圈钱”目的的违法者有了可乘之机，投资者在受骗后将投诉无门。后者是在国内成立的贵金属代理公司，交易业务均受境外总部所在的监管组织约束，其交易安全度较国内成立的平台要高。

（1）区块链运用在贵金属交易的优点

综合来看，目前整个贵金属交易行业仍处在发展的初期阶段，尚没有规范、有效、统一的监管体系，交易平台众多，层次良莠不齐，发展状况不甚乐观。随着区块链技术的发展，它以其高效、安全、透明等诸多优势日渐成为金融科技发展的前沿。如果将区块链技术作为贵金属交易平台的底层，将有助于增进相关产业链上、下游间的互联互通，大幅提高流通速度，降低流通成本，同时能够有效整合信息、交易、物流等服务要素。

① 以多中心化平台拓宽贵金属交易市场的开放度

目前，中国在贵金属进出口贸易方面仍然存在较严格的管制，国际市场的贵金属价格也很难反映目前中国贵金属供求的真实状况，结果导致中国贵金属市场演变成国际贵金属市场的影子市场。因为数字加密货币与贵金属在作为一般等价物的功能上具有相似性，可以将物理贵金属看作数字货币，从而通过区块链技术将数字加密货币的特征与优势运用在贵金属交易上。参考国际“比特币”的交易模式，扩大贵金属的流通范围，加强在国际贵金属经济事务中的主动性。与传统信息交换方式相比，区块链技术在诸多方面具有很大的潜力和空间，如改变交易和发行模式、身份识别、跨境支付以及交易模式等。①

① 冯姗姗．区块链：信任背书大数据时代的可能性［J］．首席财务官，2016（6）．

② 区块链技术应用提高对交易者的保护

2011 年，国务院 38 号文中对场外交易市场采用做市商集中交易方式进行了明确禁止，但由于难以进行有效监管，场外贵金属交易市场上仍然存在做市商现象。为谋取暴利，他们暗中勾结，虚买虚卖，进行内幕交易和市场欺诈，联手操纵价格，违反市场法规，破坏市场稳定，最终导致中小投资者的利益受到严重损伤。

一旦区块链技术被运用到贵金属交易平台，点对点、信息公开透明、不可篡改的特点可以有效遏制虚假买卖和诈骗，起到配合监管的作用。将贵金属交易平台的交易信息数据进行分布式存储，全网各节点共同拥有数据信息，将具备以下优点：①信息传递中需要通过第三方的问题得到解决；②采用加密算法传输信息，验证交易过程中资产的有效性和唯一性，交易双方的信任问题得以解决；③采用共识验证的方式，全网节点的各项交易都需要通过全网共识验证才算有效，资产重复使用的问题得以解决。

（2）监管建议

当前，中国规范贵金属现货交易的法律法规尚不能构成一个完整的体系，《国务院关于清理整顿各类交易场所切实防范金融风险的决定》《关于进一步明确黄金市场及黄金衍生品交易监管职责的意见》等是目前主要的法律规范。引进区块链技术后，可参照期货市场风险控制的成熟经验，规范信息进入贵金属交易平台的流程，利用区块链的点对点封闭传输与储存技术，记录和存储场外市场参与者的资格、市场的信息披露等有关情况。另外，在行政监管得到强化的同时，进一步发挥市场的作用，加强自我管理、自我约束机制，充分发挥贵金属行业协会的自律作用，协助政府规范市场，促进场外市场的健康发展。①

（二）收藏品交易

区块链技术正受到越来越多的关注，它给很多行业带来了发展动力和机遇，对艺术界来说也是如此。随着越来越多的艺术品被交易，如何判定其真实性的市场需求正变得越来越巨大。

艺术市场的焦点问题是艺术品鉴定。有研究报告估算，全球艺术品和收藏品伪造、欺诈的市场规模每年高达60亿美元，几乎占艺术品总交易额的10%。由艺术品真假及来源引发的争议、不付款和索赔事件，更是屡见不鲜。

目前，艺术品鉴定最常用的做法是“眼学”，即依靠专家的知识、经验和眼力来辨别艺术品的真伪。但随着现代复制技术的水平越来越高，以及鉴定者因为利益而可能产生道德风险，考虑到这些因素，相对客观的科技鉴定方式应运而生。科技鉴定主要从断代、结构和化学元素分析等方面，采用现代科技的检测手段锁定艺术品物质形态的微观信息，存入数据库进行认证备案。

而区块链技术，其数据块信息生成的时间戳和存在证明，可以实时记录并完整保存所有交易记录。区块链技术的优势主要表现在不需要中介参与、信息开放透明且不可篡改、数据安全和成本低。它最重要的作用是解决中介信用问题，为艺术品防伪和防

① 交易平台良莠不齐规范发展中国贵金属交易市场［J］. 期货日报，2016-08-19.

欺诈提供新的渠道，系统地保护艺术家的知识产权。艺术品市场由此成为区块链技术最适合应用的五大行业之一。

国内外均有机构涉足利用区块链技术服务艺术品市场。总部位于美国洛杉矶的 Verisart 是世界上第一家为艺术品提供区块链认证的科技公司。Verisart 致力为所有艺术品建档，通过区块链技术帮助艺术品市场建立信任和提升流动性。Verisart 利用人们广为接受的文化资产资料标准和公开的数据搭建平台，它的认证会产生一个 ID，来满足艺术品、古董的国际标准。Verisart 将运用区块链的分布式数据网络和特有的图像识别软件，为每位艺术家收集创作过程中的图录、流通、展览等完整档案，旨在建立一个永久性的世界艺术品和收藏品的分类信息。

区块链上的信息数据能够被全球集合管理系统和编目数据库所使用，保险公司、博物馆、执法机构等都能够实时查询验证，快速便捷，具有普遍的使用价值。例如，艺术品盗抢险需要一个共享的追踪机制。区块链不仅能为艺术家免费提供给库存管理系统，在艺术品的所有权发生变化时，通知画廊和美术馆等相关机构，还能够为收藏家搜寻尚未公开披露的价格和身份等虚拟资产信息。区块链可以成为一个中间商，搭建寻求艺术品的美术馆与希望通过展览提升艺术品价值的私人收藏家之间的桥梁，艺术品的完整生态链信息被放到区块链上，从而为博物馆、私人收藏家等提供可信赖的平台支撑。作为一个易分享、易发现和易传播的永久记录，如果发展顺利，区块链将会推进艺术品市场向私人点对点交易及网上交易转移。

八、资产数字化

（一）区块链与资产数字化

区块链技术的一个重要应用方式是资产数字化。无论是纳斯达克还是平安集团，都把视野聚焦在资产数字化领域。从行业的不同发展阶段来看，区块链 1.0 时代，比特币努力打造一个平行于（而不是对接）实体世界的金融系统；区块链 2.0 时代，参与者们希望将整个系统记录的数据从虚拟的数字货币逐步扩大到实物资产（股权、债权、产权、版权等），可对接的资产规模多维度的量级增长将有助于发展空间的大幅提升。无论从现有技术的成熟度还是未来行业的成长空间来看，提供实物资产数字化服务的公司有望从行业中率先脱颖而出，成为区块链领域的“独角兽”。

小蚁是一个基于区块链技术的股权转让和交易系统，它是一种区块链协议，将实体世界的资产、权益进行数字化，变成可流转、可编程的数字资产、数字权益，可被用于股权登记、股权激励、股权众筹、债券转让、证券交易等领域。

小蚁的底层技术基于区块链，它的股权数据库不是由一个中心化公司控制和维护的，而是由所有小蚁的参与者共同维护的。小蚁中的股权发行、交易等行为都是由用户和用户直接发生，不需要通过第三方。因此，用通俗的话来说，小蚁是纳斯达克、证券市场上的 Uber。

布比区块链是一家为不同领域提供区块链技术应用解决方案的基础服务平台。目前，平台已支持在积分、股权、供应链溯源三大领域的场景应用，在信用、票据、债券等领域，已具有创新性的区块链技术应用解决方案。同时，积极探索并尝试构建以布比区块链为基础，在传统行业领域上的新型业务方案。

北京比邻共赢信息技术有限公司正致力打造区块链应用“数贝荷包”。[①]“数贝荷包”利用分布式共享总账技术（区块链技术）帮助企业登记和发放非现金数字资产并使资产可流转，加入的企业以去中心化和去信任的方式集体维护和共享一个安全可靠的数据库，在保护数据隐私的基础上，企业能够共享数据，获得有价值的信息。

“数贝荷包”目前主要应用于资产的数字化，企业资产数据化是面向资产本身的，数字化的目标是把资产拿过来数字化。资产本身是有价值的，像积分、保单，更多的是用户所拥有的虚拟化或者在区块链上电子化的资产。比特币的存在，让数字化资产在网络中流转成为可能，通过区块链的特性记录使资产属性唯一，并通过网络去信任它的转移。网络转移是通过技术手段实现的，不依赖任何一个中心机构的信任。

（二）资产数字化的法律风险分析

将实体世界中的资产数字化之后进行交易，能够极大地提高资产的流转性，细化市场中的专业分工，为交易者提供一种更为便捷有效的交易方式，无形中也提高了资产的价值。这并不意味资产数字化总是能给市场带来正外部效应，也可能存在一些新的法律风险，大体可以分为以下两类风险：一

① 数贝荷包 CEO 专访：探寻区块链下的资产数字化［DB/OL］. http://pcedu.pconline.com.cn/817/8171200.html，

是区块链上不同结点之间交易活动中产生的风险，如欺诈风险、信用风险以及资产价值评估风险等。二是区块链技术存在扰乱证券交易的风险，这与目前的证券交易风险因素，有完全不同的特点。根据造成风险的来源不同，可以把区块链引发的证券交易分为以下几个方面：①因技术提供者的过错行为，导致数字化资产交易系统不能正确运行，使交易活动无法实现；②因第三人对网络技术的过错行为，如黑客攻击或者技术操作失误，导致交易系统不能正确运行，使交易活动无法实现；③因区块链终端客户的错误操作，导致交易系统不能正确运行，使交易活动无法实现；④因非人为的外力或意外因素，导致交易系统不能正常运行，使交易活动无法实现。具体而言，区块链将来在推广应用到资产数字化业务中时，可能存在以下问题：

（1）实体认证服务不对等。在区块链上交易的数字资产的价值并非来自区块链系统中的数字本身，而是来自其对应的实体资产。为了避免交易欺诈，交易者必须确信每个交易数据所代表的真实资产价值具有可信性，所以建立区块链数据和实体资产之间的对等认证服务制度成为当务之急。由此来看，与资产数字化相配套的物联网技术将成为其兴衰成败的决定性因素。在物联网技术尚未成熟应用之前，信用评级可以在一定程度上降低欺诈风险，对每个交易主体及交易标的资产进行信用评级之后，可以客观反映数字化资产的价值和风险，增加数字化资产的可信度，提高市场透明度，吸引其他交易主体与之交易。信用评级机构在对数字化资产进行评级后，其工作并未结束。在这之后，评级机构还要进行跟踪监督，如果发现在信用评级后，数字化资产的基础资产信用等级降低了，还要对其评级结果进行修正，降低评级等级。在此制度下，交易者在达成交易后仍必须保持基础资产的高质量，防止信用被降级，这有利于保证基础资产的高质量，保护了交易者的利益。

（2）债权资产转移的通知形式未得到法律确认，可能无法保障债务人的合法权益。当区块链广泛应用于资产数字化业务中后，必然会有大量的债权债务资产在区块链上交易流转，在债权资产转移的确认上，《合同法》第 80 条第 1 款规定：债权人转让权利的，应当通知债务人。未经通知，该转让对债务人不发生效力。之所以在债权转让中要求债务人确认是为了保护债务人的利益，特别是履行债务的对象对债务人有特殊意义时。而对于汇集大量基础资产的区块链而言，假如要求单独向每一个债务人确认几乎不可能做到，即使勉强做到，也将增加大量的交易成本，由此也就产生了交易效率和债务人保护之间的冲突，如何权衡二者之间的利益平衡将需要法律做出新的调整。但短期内调整所有涉及权利义务的法律条文是做不到的，当资产转移后，出让人对资产将不再享有权利和义务，买方将作为新的资产所有者独自承担权利和义务，当受让人向债务人主张权利时必然与法律对债务人的保护制度产生冲突，无形中为区块链资产数字化业务构建设置了障碍。

（3）判定资产是否真实出售的标准不明。中国目前无论是在成文法典还是在单行条例中都无法找到明确的依据，涉及真实出售的规定有《信贷资产证券化试点会计处理规定》（2005 年）

第 4 条、第 5 条，《企业会计准则第 23 号——金融资产转移》（2006）第 7 条，以及银监会颁布的《金融机构信贷资产证券化试点监督管理办法》（2005 年）第 60 条、第 68 条。从会计处理角度来看，上述会计准则主要对真实出售确立了以下两方面的标准：一是金融资产转让须采取实质主义标准；二是所有权转移的主要判断依据是风险及收益一并转移。例如，风险及受益转移了 95%以上，根据该会计标准，就可以被判断为真实出售。但该标准也不应被看作绝对的指标。因此，对资产是否真实出售的判断不能仅仅依靠会计标准，还要为其提供法律依据，中国应当在会计标准外，尽快构建真实出售的法律标准。[①]

（4）不动产、股权等资产转移中的登记效力。在市场经济中，交易安全至关重要，对于市场交易的正常进行，保障交易者的交易信心具有重大意义。其中，资产交易中的公示制度是保障交易安全的重要手段。《物权法》第 9 条规定：不动产物权的设立、变更、转让和消灭，经依法登记，发生效力；未经登记，不发生效力，但法律另有规定的除外。《公司法》第 73 条规定：依照本法第 72 条、第 73 条转让股权后，公司应当注销原股东的出资证明书，向新股东签发出资证明书，并相应修改公司章程和股东名册中有关股东及其出资额的记载。可见，法律规定不动产、股权的转让需要依法在相应的登记机构进行登记方能实现权利移转，而区块链上进行的数字化资产交易如何实现法律认可的权利移转将成为一个亟须解决的问题。

① 赵静．资产支持证券的监管制度研究［D］．华东政法大学，2010.

九、 P2P 网络借贷

（一）区块链与 P2P 借贷案例

P2P 网络借贷平台是借贷与网络借贷相结合的互联网金融服务网站。网络借贷指的是借贷过程中，资料与资金、合同、手续等全部通过网络实现，它是随着互联网的发展和民间借贷的兴起而发展起来的一种新的金融模式，成为互联网金融的重要业态。然而，在中国本土化的过程中出现了提现困难、非法集资、非法吸存、“跑路”等诸多乱象，部分 P2P 网络借贷平台设立资金池、归集出借人资金并放贷、信息不对称、征信体系不完善等因素是导致当前 P2P 网络借贷行业风险频发的重要原因。在这一背景下，将区块链技术嵌入 P2P 网络借贷平台，可以在一定程度上缓解当前 P2P 网络借贷行业存在的诸多乱象，并以此重塑 P2P 网络借贷行业，具有较高的理论意义和实践价值。①

区块链技术的应用可以有效推进 P2P 网络借贷平台的发展。规范发展的 P2P 网络借贷平台可以快速实现资产交易，为有融资需求的实体企业或个人提供所需资金，为广大投资人提供便捷可靠的利润回报，为宏观经济有序、健康发展提供可靠的金融保障，是对现有银行体系的有益补充。采用区块链技术，依托其构建的 P2P 交易平台，可以通过技术手段强制实现行业自律，确保资金安全，降低监管成本，有利于进一步推动实体经济的发展。具体而言，区块链技术的应用有以下优势：

---

① 赵大伟. 区块链能拯救 P2P 网络借贷吗？［J］. 金融理论与实践，2016（9）.

（1）提升企业透明度

对监管方及投资人而言，部分 P2P 网络借贷平台在资产与理财计划的对接，理财资金的流向等方面透明度有限。P2P 网络借贷平台是否存在虚构资产，理财资金是否划入资产端借款人账户、是否存在资金挪用，或用于偿还其他债务等，监管方、投资人同样无从知晓。

采用区块链技术后，可以使资产、资金、理财计划等相关信息透明化，既有利于保障投资者权利，也有利于监管方行使行业监督的职能。

（2）建立企业信任机制

由于 P2P 网络借贷平台在理财服务的运作上存在诸多不透明因素，加之部分 P2P 网络借贷平台风险暴露及跑路等事件的频发，必然导致公众、政府及监管部门对该行业信任度的下降。

采用区块链技术公开理财服务等各类相关信息，并引入第三方评级，有助于公示理财服务风险信息，确保资产、资金、理财计划的安全系数，重建公众、政府及监管部门对 P2P 网络借贷平台的信心。

（3）降低风控成本

2016 年 8 月，国家针对 P2P 行业的监管政策已切实落地，目前，符合这一政策相关规定的 P2P 网络借贷平台多以小额度的个人信贷为主。以琥珀金服为例，其风控流程分为贷前调查、贷中审查、贷后管理。通过对借款人提交的相关资料真实性、合法性进行严格调查，并对借款人信用状况进行全面、系统的评估，形成真实、完整、准确的调查结论，通过对借款人的信用评估，从而评估资产的风险可控。

采用区块链技术后，通过区块链所建立的第三方个人增信系统，可轻易获取借款人的各项信息指标，结合自身风控体系进行中和性的评估，期间可大大缩减企业的风控流程，降低风控成本。

（4）降低监管成本

目前，对 P2P 网络借贷平台的监管成本非常高，尤其是对于存在问题的 P2P 网络借贷平台。一是制度不完善，对 P2P 网络借贷平台如何监管，多个监管部门如何协调等方面还不明确；二是资产标的的真实性难核实，P2P 网络借贷平台大部分规模小、数量多，监管部门难以逐一核实其资产端是否真实可靠等情况；三是资金难追踪，P2P 网络借贷平台往往在做单一业务的同时，还兼做其他类金融业务，资金流向难以追踪；四是数据难获取，P2P 网络借贷平台往往各自为政，各自建立自身的业务系统，无统一的数据标准、业务规范。监管部门难以及时掌握 P2P 网络借贷平台的业务开展状况。

区块链技术可以有效降低对 P2P 网络借贷平台的监管成本。基于区块链技术统一组建 P2P 交易平台，监管部门作为区块链的一部分，实时获取 P2P 交易的公共账本，通过分析公共账本可以获取各家 P2P 网络借贷平台的理财计划发售信息、资金划转信息、资金托管信息及风控安全信息等，实时为 P2P 行业监管提供低成本、高效率、可信赖的监管数据支持。

（二）区块链技术在 P2P 网络借贷平台应用的风险分析

如前所述，区块链技术的嵌入，能为 P2P 网络借贷行业带来很多好处，但区块链技术在当前仍存在一定的风险和亟待解决的问题。

（1）P2P 交易与当前资金存管的要求形成冲突

P2P 网络借贷平台的商业模式是设立资金池，归集出借人资金并放贷。目前，P2P 网络借贷行业风险偏高的一个主要原因是，平台掌握了出借人资金调配权，使资金的用途难以受到监管。若要严格落实客户资金第三方存管，要求平台选择符合条件的银行业金融机构作为资金存管机构，就要提高 P2P 网络借贷行业的进入“门槛”。而区块链技术实现的出借人与贷款人之间点对点的直接交易与资金第三方存管的要求相冲突，未来如何在两者之间权衡，需要监管方、P2P 网络借贷平台，以及银行业金融机构等共同探索、不断尝试。

（2）去中心化的程度难以把握

区块链技术去中心化的特点解决了中介机构带来的信息不对称和信息安全风险，提高了金融交易的效率。但在用户数量较小的初期，区块链受到攻击且信息被篡改的风险很大。因此，在发展初期，中国通过完善相关法律法规以及监管措施来建立一个能够有效保障交易达成、信息安全的中介机构，还是有必要的。

（3）存在区块链交易的技术风险

区块链基础技术实际上都是由计算机程序和语言控制的，是计算机进行的自动化处理。在去中心化的作用下，因缺乏强有力的指导和控制，出现技术性、操作性失误的风险是不可能完全避免的。当失误未被及时发现时，系统将按照错误程序继续执行，可能放大单次失误带来的影响，且修正这些失误带来的损失将付出较大成本。

（4）平台参与者短时间内难以迅速转变

由于 P2P 网络借贷平台对现有部分技术具有路径依赖，区块链要嵌入平台中并被参与者广泛接受和认可，还需要打破这种路径依赖。鉴于此，尽管区块链技术的本质和特点与 P2P 网络借贷行业规范发展的要求存在契合性，但离广泛应用还有一段距离，需要在监管部门的支持下允许 P2P 网络借贷平台开展尝试。总之，区块链技术能否真正嵌入 P2P 网络借贷行业，还有很长的路要走。

第四章

区块链技术在非金融领域中的应用

不仅限于金融服务、支付方式及货币市场等经济形态，未来区块链带给人类生活的变化可能涉及各个领域。区别传统中心化记账方式，去中心化是区块链技术的一个显著特点，去中介化交易将底层网络与整个网络上所有节点连接在一起，提高了系统信息流动性，有效地减少摩擦，同时提高效率。在一定程度上，我们可以说区块链提供了一种通用技术和全球范围的解决方案，这在过去是完全不可能的。从功能、实用性及量化管理角度来看，区块链技术是一种较好的组织模式。它通过共识进行操作，这个模式能够从质量上获得更大的自由度、更加平等和更多的授权。因此，区块链技术是一个完整的解决方案，它集合了内在、外在和定性、定量的多种优势。①

一、共享经济

“共享经济”最早由美国社会学教授马科斯·费尔逊和琼·斯潘思于 1978 年发表的论文②中提出。在当代，“共享经济”是指拥有闲置资源的机构或个人有偿让渡资源使用权给他人，让渡者获取回报，分享者利用分享自己的闲置资源创造价值。

近几年，共享经济的概念逐渐在中国流行起来，但资源共享也面临一些问题，如共享成本过高、用户身份难以认证和共享服务管理难等。高盛的报告显示，Airbnb 等共享住宿平台利用私人住所打造公开市场来变革住宿行业，但是这种服务的接受程度可

① ［美］梅兰妮·斯万．区块链：新经济蓝图及导读［M］．北京：新星出版社，2015.
［加］唐塔普斯科特，亚力克斯·塔普斯科特．区块链革命：比特币底层技术如何改变货币、商业和世界［M］．北京：中信出版社，2016.

② Felson M. , Spaeth J. L.. Community Structure and Collaborative Consumption: A Routine Activity Approach［J］. American Behavioral Scientist, 1978, 21(4):23.

能会因人们对人身安全以及财产损失的担忧而受到限制。而如果引入安全且无法篡改的数字化资质和信用管理系统，则可以在一定程度上增加人们对共享住宿的接受度。

为了验证上述想法，国外专家设计了一个区块链上 Airbnb 的竞争者，并决定将这个新的商业模式变成 BAirbnb，它更像一个由成员所组成的合作社。BAirbnb 是一个分布式存储程序，它是由一个登记房源列表的区块链上存储数据的一组智能合约组成。另外，BAirbnb 用户体验跟使用 Airbnb 几乎相同，只是用户信息在一个点对点的网络上进行沟通，而不是将这些信息存储在 Airbnb 的数据库里，只有用户和房源的所有者能够阅读这些信息。BAirbnb 的所有收入（除经常性费用）会流到它的成员手中，这样成员可以控制平台并进行决策。

在 Airbnb 上用户和房主可以在区块链之外进行沟通和交易，不过用户还是应该在区块链上完成交易。利用区块链技术改进 Airbnb 的商业模式有以下几种优势。

（1）声誉度

由于网络在区块链上记录交易，每一个用户的积极评价都会提高用户相应的声誉度，负面评价的风险会让每一方都保持诚信。那些声誉度较高的人可以在多个去中心化应用程序上使用相同的身份，并持续从优良的记录中获益。

（2）身份验证

由于 BAirbnb 不与检查人们身份 ID 的中心化系统打交道，所以双方都需要确认对方的身份。区块链从一个称为“VerifyID”的身份验证应用程序中调用一个合约，这是 BAirbnb、Suber（区块链上的 Uber）和其他去中心化应用程序用于检查现实世界身份的智能合约之一。

（3）隐私保护

“VerifyID”并不追踪交易或将所有交易存储到一个数据库里。它在收到一个校验公钥（身份）的申请时，只会简单地返回一个真或假的结果。不同类型的去中心化应用程序可以调用“VerifyID”，不过“VerifyID”永远得不到交易的细节信息。这种将身份与具体活动隔离的做法极大地增加了对隐私的保护力度。

（4）降低风险

房屋所有者当前将顾客的身份和财务数据存储在自己的服务器上，而这些服务器会被入侵并泄露资料，这给房屋所有者带来的法律风险和责任很大。在区块链上，用户不需要将信息托付给一个供应商；这里面根本就没有一个中心化的数据库可以被入侵和导致资料的泄露。这里面只有点对点的独立“假名”交易。

（5）保险

目前，Airbnb 为房屋所有者提供一定数额的保险，以应对盗窃或损坏的风险。在 BAirbnb 上，房屋所有者可以使用 BAirbnb 保险 Dapp，有良好声誉的租户保险费率更低。当用户提交了租房申请，BAirbnb 将用户的公钥（身份）发送到保险合约里面并等待回答。保险 Dapp 会联系一系列可信的供应者，而假冒的保险公司将会被排除。保险公司会通过自主运行的机构软件对合约所输入的信息实时进行计算，如房屋所有人的房产市值；他们需要加以保险的额度；房屋所有人的声誉度；用户作为租户的声誉度，以及租金价格。BAirbnb 会接受最优惠的保险费率并将其加到房屋所有者希望收取的日租金里。区块链在后台处理这些计算任务，房屋所有人和租户有与 Airbnb 相似的用户体验，不过得到了一个更优秀、更公平的价值交换体验。

（6）支付结算

当然，在区块链上用户可以在几秒钟内将款项发送给房产所有者，而在 Airbnb 上需要好几天的时间。并且在签订国际合约的时候，也没有外汇转换费用。所有者通过智能合约可以更容易地管理押金，一些人会使用托管交易账号在彼此达成共识的情况下一次性支付租金。如果出现涉及智能合约的纠纷，各方可以申请仲裁。

（7）使用智能锁接入房产（物联网设备）

一个连接区块链上的智能锁知道用户是否完成了付款。当用户到场后，用户的带有近场通信（NFC）技术的智能手机可以使用用户的公钥签发信息，作为付款成功的证据，而智能锁就能被打开。所有者无须留下钥匙，也无须亲临该房产，除非他们想来打招呼或解决某些紧急情况。

二、物联网

通过被称为物联网的新型软件和技术，我们可以将智能元素逐渐注入现有的基础设施里，可以加入能够彼此通信的智能设备。这样的结构被称为网状网络（mesh network），即在一个电脑和其他设备直接连接到一起的网络。它们可以根据带宽条件、存储空间和其他能力自动进行重新配置，因此，可以抵御故障和干扰。缺乏网络访问条件或可负担服务的社区，可以使用网状网络维持基本的网络连接。网状网络是传统的机构监管和控制从上到下的模型的替代方案，它们可以提供更高的隐私保护和安全性，因为信息流并不会经过一个中心机构。

一些机构已经在将网状网络与区块链技术结合起来，以解决复杂的技术设备问题。美国的一家物联网公司 Filament 正在澳大利亚内陆地区进行一项实验，该商业模式涉及三方的服务，包括 Filament、集成业务客户及公共事业公司。Filament 在电线杆上安装设备 tap，使通信距离最远达到 10 英里。设备上安装了可以持续 20 年的电池和低功耗的蓝牙，可直接连接到手机或电脑设备；内置很多传感器，可以检测温度、湿度、光强度和声音，持续监测电线杆的状况并汇报情况的改变，无论是倒塌、发生火灾，还是因为粉尘积聚或山林火灾烟雾造成的故障都可监测。未来还可能嵌入预测性算法，从而预测一条电线杆的生命周期、即将发生的故障。Filament 将传感器数据流售卖给集成业务商，而集成业务商又转卖给公共事业公司。公共事业公司每月为这样的监测服务支付费用。这样的服务使电力公司无须进行成本极高的现场勘查工作。由于电线杆在极少数情况下才会倒，电力公司也很少使用网状网络的实际通信功能，于是 Filament 还可以将这些 tap 设备的多余能力部署给其他用户。

“如果没有身份的话，其他事情也没法实现了，” Filament 的联合创始人及首席执行官埃里克·詹宁斯说道，“区块链上的身份是物联网的核心，我们为每一个设备都创建了一条独立的通道，这条通道和身份随后会存储在比特币的区块链上（特定的位置是分配给了 Filament）。像比特币一样，它可以被发送到任何地址。”区块链（智能合约）确保了设备的费用已经有人支付了，这样就可以继续工作。离开区块链支付网络的话，物联网就无法发挥功能。

目前，物联网还处于发展的早期阶段。流行媒体关注的焦点是消费类设备，不过物联网的应用并不止于此。下面部分我们将划分出物联网应用与区块链结合的十一个主要功能领域，从潜力、市场现状、参与者和商业模式角度具体说明。

（1）运输

无人驾驶汽车将用户安全地送达目的地的过程，会自己选择最快的路径，避开施工地段，处理道路收费站相关事项并自己泊车。在交通堵塞的时候，用户车辆会计算出道路的通行率，这样用户可以及时到达目的地，而货运的管理者会在所有的货物上使用基于区块链的物联网设备，以快速通过海关或其他所需的检查项目。清道车生产商 Allianz 可以将其市政设备装上迷你用户摄像头或传感器技术，以鉴别那些在纽约将车辆停泊在停车区的另一边，并在一段时间内没有开走（如果它们无法自己开走）的情况，然后将传感器数据发送给交通警察，这就省下了书写违规停车罚单的过程。或者，清道车可以在经过车辆的时候以比特币的形式直接从违规车辆中进行罚款，因为纽约州的运输部门将可以要求所有车辆在纽约的 5 个区域进行注册，并保持一个与车牌相对应的比特币钱包地址。同时，无人驾驶汽车还可以感应到正在驶来的清道车，并轻松地开走，让清道车经过。

（2）基础设施管理

很多专业人士会使用智能设备去监控人行道、铁路、电线杆和电线、管道、港口和其他公共和私营的基础设施的地点、年限及其他相关因素，以快速、低成本和高效来监测状况、发现问题（如损坏或被破坏）并做出响应。像 Filament 一样，利用可负担的科技去改造现有基础设施，为其带来新的生命周期，而无须替换基础设施所需的巨额资金。Filament 的埃里克·詹宁斯预计“超过90%的基础设施当前并没有被连接起来，若要将这些现有的设施都拆除并替换成全新的无线互联资产，显然是不现实的”。

（3）能源、垃圾和供水管理

在发达国家和发展中国家，传统的公共事业公司可以使用基于区块链的物联网，以实现追踪生产、分配、消费和收集。就如我们已经看到的那样，那些没有投入大量基础设施的新竞争者正计划用这些技术创建全新的市场和模式（如社区微电网）。

（4）农业和资源开采

区块链也可以用于牛的溯源管理上，让农民可以追踪它的食物、给药记录及健康历史。这个技术既可以帮助追踪昂贵的、高度定制化的设备，并让它在更广泛的领域能够及时满足需要，并收回成本；也可以通过对标全设备的标记和自动化的检查清单（以确保设备被合适地使用）提高矿工和工人的安全度；通过对天气、土壤和农作物状况的监测进行灌溉、自动化收割或其他操作。基于历史上曾经出现的模式和结果，对“无限数据”进行分析从而发现新的资源或为农业生产的运作提出合适的建议。安装在土壤或树上的传感器可以帮助环境保护机构监测农民及其对土地的使用状况。

（5）环境保护监测和应急服务

自主运作代理人 BOB 会装设气象探头，并通过对重要的气象数据的收集和销售实现营利。例如，对空气质量和水质的监测并发出警报从而减少污染物水平或让人们留在室内；为应急人员检测危险的化学品或辐射源；监测雷击事件和山林火灾；安装地震和海啸的早期预警和警报系统。除了能够改善应急服务的响应时间和降低这些事件给人类所带来的风险外，我们还可以使用这些纵向数据提高我们对基础的趋势和模式的理解水平，在某些案例中得到预防性的措施，并提高预测能力从而实现更早期的预警。

（6）卫生保健服务

在卫生保健服务领域，专家们用数字化的技术去管理资产、医疗记录、库存，并提供所有的设备需求和药物订单。目前，医院里面有不少可以审查这些服务的智能设备，不过很多设备会彼此间进行通信，没有考虑在病人护理的过程中隐私保护的重要性。基于区块链的物联网可以使用新出现的技术将这些服务连接到一起。正在开发的应用程序包括监护和疾病管理（如智能药物、跟踪生物体征和提供反馈的可穿戴设备）以及质量控制。比如，一个人工髋关节或膝盖可以对自身的工作状况进行监测，并将工作状况的数据匿名地传输到生产厂商那里，用于日后的改善，还可以与病人的医生沟通，如“是时候把我换掉了”。技术员们在无法采取必要措施确保设备可行和准确的情况下，就不能使用专用的设备了，新型的药物将可以在临床测试的时候对自己进行跟踪，并为自己的有效性和副作用提供相关证据，而且无须担心有人篡改这些结果。此外，区块链在以下医疗环节过程中发挥优势：

① 减少排队时间。复杂重复的挂号流程会引起摩擦，用区块链分配病患挂号信息可以减少病患挂号的时间。

② 管理人力成本。减少文件流程耗时可以减少处理文件的人力成本，从而降低过高的成本。

③ 减少保险理赔申请资料收集耗时。医疗服务提供者在区块链账本中更新病患资料，有利于其他同类服务供应者直接获取相关信息，减少信息的收集时间和纠错时间，如实验室等。

④ 减少保险理赔失败率。分布式医疗保健系统（账本）可以包含理赔需要的信息，从而减少手动输入的错误。

⑤ 减少合规性风险。理赔和常规医疗活动记录的透明性可以让监管者彻底审核相关资料，减少合规性风险和成本。

⑥ 增加事实。我们相信第三方，如医院和急救设施可以保护病患病例。未来分布式病患记录也许包含病患及其理赔信息，提高理赔处理和支付的透明性。

⑦ 提高预约成功率。病人通过电话进行医疗预约，安排就医时间；在确定具体时间之前要经过多次沟通确认，因为每次就医可能涉及多个服务区域和科室，如体检需要预订检查设备。通用的预约挂号可以收集上百个就医安排，不需要单个医疗服务系统保存预约挂号记录。

⑧ 增加价格灵活性。区块链分布式病例通过分布式网络进行分配，可以从中获取就医地区的各个流程价格、年龄区别和特定就医地点的价格差。

⑨ 重复挂号和多表格、多签名就是浪费医患的时间。医疗保

健行业需要蓝海战略，用区块链发现非竞争性市场。

（7）金融服务和保险

金融机构可以使用智能设备和物联网去追踪对实物资产的所有权并实现它们的追踪和溯源。数字货币让大小客户既能够更快、更安全地对价值进行存储和传输，也能实现风险评估和管理。进一步思考，如果弱势群体实现他们有限的资产追踪和分享（就如之前提到过的微电网），那么他们是否就能赚到少量的现金、电力或“积分”呢？物品的主人将可以对贵重的物品、古董、首饰和博物馆展品以及任何曾由苏士比拍卖行处理过或由劳合社（Lloyds）承保的物件进行标记。保险公司可以根据物件的位置和所处的环境调整保险费用，如果在纽约大都会博物馆里的受控环境，则可以降低保险费用；如果要运输到希腊，那么保险费用就会增加。这个物件将能够告知其他人它是否曾经在一个保险箱或曾经在某个名人的脖子上。如果这个物件曾经戴在莲莎·露夏恩（好莱坞小天后）的脖子上而非安妮·哈撒韦（美国女影星）的脖子上，则它的保险费率将会有所提高。无人驾驶汽车将会有更低的保险费率，而它自己也能在事故现场根据传感器数据处理保险索赔事宜。

（8）文档和其他记录的保存

实物资产可以转换为数字资产。所有与某个特定文件相关的文档可以被数字化并登载到区块链上，这包括专利、所有权、质保条款、检验证书、起源、更换日期、审批等，能够极大地提高数据的可得性和完整性，从而降低文书工作、存储和损耗的负担，并改善与该文档工作相关的流程。例如，一个汽车若在最近不能通过一场安全性检查，责任险已经过期，所有者没有交付违章停车罚单或交通违章相关的罚款，或是司机的驾驶证已经被暂停使用了，那么这辆车就无法启动；货架上的物件会在过期后通知店铺经理，店铺经理们可以对这些物件进行编程，让它们在接近有效期时自动降价促销。

（9）建筑与房产

据估计，在美国120亿平方英尺的商业地产中，有65%是闲置的。数字化的探头可以通过对实时发现、可用性和支付的支持为这些地产资源创建一个市场。商家们正在进入这个领域，并开发新型的服务模式以在下班时出租这些空间。在晚上，用户的会议室可以变成培训教室或某个初创企业的办公室。电梯的使用率和建筑物通行人流量的数据将对建筑师有参考意义，闲置的住宅空间可以通过万物账本将自己登记到市场中并进行商议，以帮助游客、学生、收容所的管理者及其他人寻找到能够满足需求的空间。这些构思可以应用到所有类型的住宅、宾馆、办公室、工厂及机构的地产中。

（10）家居管理

用户的房屋和各种产品、服务正在进入一个让家居能够实现自动化、远程监测的市场。这些服务比保姆摄像头实现的功能更多，其包括访问控制、温度调节、灯光控制，最终可能是控制用户家里所有的物品。虽然“智能家居”的普及速度相对来说还比较慢，但如苹果、三星和Google这样的公司正在寻求简化其安装和运作的方法。BCC研究公司发表的报告指出，“美国的家居自动化市场预计从2014年的69亿美元市值增加到2019年的

103 亿美元市值，这个增长过程将是稳定的、长期的。”

（11）零售商和销售

当用户逛街时，移动设备会告诉用户：“您喜欢的衣服在 GAP 这家店里有货了。”用户进入这家店后，这件衣服已经在等待用户了。当用户试穿这件衣服后，扫描一下就可以完成付款。不过用户还有其他事情等着去做，所以这件衣服会在用户回家前被自动送回家中。除运作效率和环境监控外，在顾客走路或开车经过商店的时候，零售商可以根据他们的位置、人群分类、已知的兴趣和购买历史自动地为他们提供个性化的产品和服务，前提是这些顾客在区块链上将自己的身份“黑盒子”的特定信息的访问权开放给这些零售商。

三、物流供应链

区块链在供应链中的应用，比较典型的场景包括采购流程的供应商认证、采购合约、产品或原材料溯源、报价单、采购订单、供应商评估、货款结算等环节；交付流程的订单接收与确认、物权交接、在途跟踪、提前发货通知（ASN）、电子运单、电子仓单货物（产品）认证认可、检验检疫、第三方服务合约（物流、金融、保险、认证、检验检疫等）；回收流程的退货授权、退货接收、退货在途跟踪、售后服务跟踪、维修记录、客户服务记录等方面。上述应用场景包含了智能产权、智能合约、持有链的内涵，保证了供应链交易过程的唯一性、全程可溯源性。

在国际物流领域，学术界和业界对区块链与供应链的讨论越来越多。首先，需要明确供应链的概念。依据 CSCMP 的《供应链管理流程标准》，计划、采购、制造、交付和回收是核心企业供应链管理流程的五个环节，而上游的供应商、下游的客户也大都包括这五个流程。在每个流程中，又包括了供应商参与、客户参与、第三方（物流、金融、保险、检验检疫、认证服务等）供应商的参与，涉及订单处理、零部件和成品进出的物权转移、资金的转移、过程的监控等众多主体。如果供应链超出了国界的范畴，就涉及国际运输、海关、进出口检验等更多的主体。因此，由企业内部和企业之间众多的主体组成的网络就是供应链。区块链本质是一个由分布在全球各地独立的计算机组成的网络，所运行的巨大的数据库，则两者结合的应用具有以下的业务属性：

（1）供应链上下游伙伴之间的多中心性。供应链是由核心生产企业、供应商、供应商的供应商、客户和客户的客户组成的多主体链条。任何一个供应链上的主体，都不愿意完全分享其所拥有的信息，也就不可能获得上下游所有主体的信息。

（2）供应链合作伙伴之间，存在多重、复杂的交易，这些交易需要有一个信任机制，来记录和验证交易的真实性。用制度经济学的术语来说，就是要建立一个“制度”，降低或者消除各主体之间因缺乏信任度而带来的交易成本。区块链技术的出现，有效地解决了多主体信息共享和多主体复杂交易的成本问题。

供应链溯源是区块链技术适用的重要场景。产品溯源面临的最大难题是什么？答案是“具有公信力的信息，到底由谁来提供？”第三方机构可以担任这个角色，但由于其自身不掌握数据，收集信息又有相当大的难度，如何避免灰色地带、如何确保收集的信息真实有效，这些都是无法回避的难题。那么，谁来解开这个疙瘩？区块链可以。按照传统观点，众多主体之间是彼此孤立的，执行一个商业合同需要经过多次交易。区块链技术的介入，成功实现主体之间的关系转化，从“串联”成为“并联”，这不仅提高了交易效率，更解决了交易中的诚信问题。

唯链（VeChain），基于区块链技术的透明供应链平台，品牌方通过唯链在区块链注册，继而发布自己的产品信息，并管理自己所发布的产品。与美国的Chronicled类似，唯链也是从奢侈品流通溯源入手。唯链把奢侈品、酒等高端零售企业看作重点客户，这些假货猖獗的重灾区有较强的防伪需求。

目前，唯链在每个商品内放置一个NFC芯片，将它唯一的ID信息写入区块链，通过统一的智能合约模板，从生产、物流、门店、消费者甚至海关都能共同维护记录信息。通过唯链的APP，消费者可以直接查看所购商品在上游节点的信息，并能写入自己的数据。如此一来，品牌方也通过它加强了和消费者的联系。

唯链能根据不同模块、不同节点数量、不同用户数量等元素组成实施方案，按照方案量级的方式收费。对于防伪要求不高的客户时，唯链以二维码、RFID的形式替代成本较高的NFC芯片。如同所有的区块链公司一样，唯链最大的难题也是如何让客户和其上、下游企业信赖并应用这套体系。随后，唯链还希望嫁接智能合约、切入供应链金融，通过资金流与物流打通的方式，解决信息分散、复核效率低的问题，使资金在流通环节中流动更快。

四、公众服务

毫无疑问，区块链技术除了适用于企业，也适用于公共服务机构，包括政府、医疗、教育机构，以及运输系统、电网和社会服务等。其应用方向可能包括以下几个方面。

（1）携手共创公共价值

区块链驱动的点对点网络将会要求我们，重新考虑如何在创造公共价值的过程中划分职责。当政府公布原始数据的时候，就化身公司、公民社会及其他政府机构与个人自行组织、创建服务的平台。现在我们已经用了好几年“为成功付费”的模式，来借助商业方式解决公民问题。比如，美国劳工部门就资助了一些项目，来聘用刑满释放人员，减少再犯罪情况，此外，美国芝加哥市还提高了弱势群体学龄前儿童的教育水平。

这个模式也鼓励了创新发展，此外，它还提供了一种奖励机制，即通过释放资金，只有目标达成且结果可观的人，才可以得到奖励。设想一下，对社区负责可持续能源方面工作的小型非营利团体来说，持续小额付款十分重要。政府计划可以将资助与消费水平的实际下降挂钩。而非营利团体可自行申请退款补偿，不再需要依靠复杂的书面工作，而且根据政府对“为成功付费”模式的参与承诺，他们甚至可以进行融资。

（2）将社会智能合约同政治声誉绑定

透明度对改变机构行为来说是至关重要的。当然，我们不能强迫这些公众代表，去遵守这样的价值观和行为，不过我们可以通过智能合约，来限制他们的决策与活动。这种智能合约会规定他们作为代表所担负的角色与责任，然后在区块链上密切关注他们的行为，并进行评估。

智能合约是自行执行的协议，它存储在区块链上，没有人能够控制它，所以每个人都可以信任它。我们可以将智能合约运用到不同的政府运作中（如供应链、外部法律服务、已履行合约支付），甚至可以运用到更复杂的政府角色及民意代表中。我们确实可以预见，点对点网络将追踪到被选举官员的承诺及其履行情况。

监管部门可以将区块链流程作为一种验证方式来实时追踪所监管行业的义务履行情况，评估他们的所作所为是否如承诺所言（如对可持续资源的投资），又是否在按照规定办事（如及时送达、安全性目标等）。现在主要业绩指标和公共网站上公布的结果变得越来越常见，不过区块链能够实现这些流程的自动执行，并确保评估结果准确无误。

（3）区块链投票机制

如何在区块链上进行投票呢？设想一下，竞选委员为每个候选人或待选人创建一种数字“钱包”，经过授权的选民每选一个席位就放一个代币或其他币。公民可以通过匿名投票，只要把“币”传送到所选候选人的钱包中就可以了。区块链会记录并确认这笔交易，最后统计得到币数最多的获胜。

有人尝试结束“端对端审计投票系统”来解决信任问题。选民通过自助服务终端来投票，这种方式会产生一份加密验证过的纸质记录，不过最后结果采用电子计票。Commitcoin 使用加密的工作量证明系统，来证明这一信息是在某一日期发送的。

Commitcoin 发明者杰里米·克拉克和亚历克斯·埃塞克斯表示，“我们可以利用这一系统，在大会开始前，证明选举日期的真实性”。这种方法作为“碳同位素测定年代”的一种，能够为面部验证诈骗及错误提供基线。

（4）让公民参与到重大问题的解决中

人类的碳排量正在造成大气变暖，这种气候变化对我们和地球上其他生物来说很危险。政府、公司及非政府组织正在努力减少碳排放，他们对“碳交易”的意见基本一致，“碳交易”是一种环境有效且经济合理的减排方案。

有一项名为“限制与交易”的政策，“限制”就是监管部门对碳排量设置一定限制，随着时间推移，减少对大气层的污染物排放；“交易”就是市场对减排的补贴，从而帮助公司及其他组织符合减排限制标准。环境保护基金会的人表示：“他们的排放量越少，付的钱就越少，这样就能从经济效益上来减少污染物排放。”

目前，欧盟国家已经开始了基于上述碳排放政策的交易，而加利福尼亚、安大略及魁北克也达成了《蒙特利尔协定》，呼吁发动全球交易。国家各级官员（包括国家、州和市）与企业层面可以通过限制与交易信贷积分制来平衡补贴。同时，基于区块链的声誉系统，也可以根据可持续温室气体减排标准，为电网供电商进行评级。比如，系统可以为能源来源分配标签，用煤炭的会减少额度，用太阳能等可再生能源的就增加额度。区块链能够在整个行业中，实现限制与交易系统的自动化。高效的定价算法会实时计算借贷情况，然后绿色组织就能在账本上查找并追踪到其碳排放额度，然后将其转化成一笔交易。

要是我们为普通人创建一个碳排放限制与交易系统，会达到什么效果呢？个人碳排放交易将会通过物联网实现。传感器、检测器及探测仪会实时测量用户的热水器、洗碗机及家用恒温器，并且告知用户的碳排放额度。同时，用户也可以通过可持续的实践活动来挣取排放额度。如果用户在屋顶加了太阳能板，那么用户就能通过电网发电来获得额度。

如何把区块链技术的潜力发挥到最大，最终取决政府是否拥有完美的区块链解决方案，并将其整合应用到公共服务中。政府通过系统的解决方案，重新配置公共资源、提高政府效率、节约成本、提高人们的基本收入、促进平等和谐的社会关系、提高民众参与政治的热情，最终实现经济自治。

五、打击网络犯罪

（一）区块链与打击网络犯罪案例

2016 年初，发生了大宗盗窃案。孟加拉国中央银行孟加拉银行的账户丢失将近8100万美元巨款,黑客使用了纽联储账户（New York Federal Reserve）。黑客原本计划盗窃 10 亿美元，只是纽联储通过防护网阻止大部分资金流失。目前案件还在调查中，而涉事方都在极力地推卸责任。此外，银行所用的 SWIFT 也遭到批评，因为它负责通信协议、软硬件和安全网的管理。批评家说 SWIFT 完全没有改善其网络的安全环境。孟加拉银行自身也有很多问题，松散的安全管控措施使银行系统出现漏洞。

Chainalysis 是一家区块链初创公司，其已经与欧洲刑警组织的欧洲网络犯罪中心（EC3）签署了谅解备忘录，将一起合作，共同打击网络犯罪。在一份声明中，Chainalysis 的首席执行官 Michael Gronager 说道："将数字货币从犯罪分子手里转移到消费者和商家手中，这种新型合作迈出了重要一步。"

区块链技术在很多不同的应用和行业有重大潜力，这一点虽然得到大家普遍认同，但 Chainalysis 认为，数字货币技术被应用于网络犯罪，这些负面因素削弱了这种积极性。

一个典型案例就是好莱坞长老会医疗中心的敲诈事件。应数百万人的要求，医院为了重新获得对计算机系统的控制，最终被迫向黑客支付了 17 万美元。欧洲刑警组织 2015 年发表的一份报告中指出，网络犯罪正在迅速增长，比特币也正被用来进行数字犯罪。通过跟踪区块链上数字身份的变化，Chainalysis 公司表示，其软件能够对可疑活动进行实时监控，并提供调查工具，帮助执法机构工作。从某种程度来说，黑客是最脆弱的。因为很多黑客活动是通过有关比特币交易元数据的私有数据库完成的。

金融服务中的分布式账本系统一般是许可型的，因此，自主性不强，可以搭配不同程度的灵活性和管控。[①] 基于分布式账本的防诈骗系统有多个互相协同的数据库，可以有效地打击诈骗。这个系统会记录交易历史的机密，用于参考和验证，但不会泄露给系统中的其他人（与开放的区块链交易不同）。而且这个系统会存储和更新授权证书，验证交易发送者和接收者。

目前，银行和金融机构都有自己的风险管理系统，并参考黑

① 袁勇. 区块链技术发展现状与展望［J］. 自动化学报，2016，42（4）.

名单和制裁名单上的一般信息。因此，单个银行就需要开发强大的风险管理系统，而这会造成系统无法统一，风险控制与操作流程也大相径庭。而分布式系统可以帮助国际市场上的每个人，不仅是大型银行，还有缺乏高科技风险管理系统的小型银行。

中央银行可以探索一种混合系统，由单个机构管理数据记录；同时，采用分布式账本系统，保证网络安全和真实性。尽管搭建分布式账本的国际汇款系统需要时间，而且会产生大量成本；同时，私钥的内部冲突与漏洞意味着理论上没有哪种系统完全可以阻止设计精妙的网络攻击。然而，两者混合的系统就可以发现诈骗或洗钱交易，并更快度地做出修补。

区块链对打击各类互联网犯罪起到关键作用，虽然目前不能断言这种技术可以完全替代现有的安全系统，至少它与现有系统结合足以打击目前的黑客攻击。

（二）区块链打击网络犯罪的法律风险

网络反洗钱和网络恐怖融资风险依然是区块链技术不可避免的。在区块链上，任一节点都可以将资金转移到其他节点。虽然交易信息被记录下来，但由于区块链技术下的交易是匿名的，使客户真实身份识别难度增大，加大了犯罪取证的难度。区块链技术虽然在追踪资金流向、交易记录保存方面存在优势，但如同孟加拉银行事件的后果，资金也容易在网络中分散流通，导向法律无法触及赌场等领域，最终变为一堆筹码。这不但造成罪犯轻易逃之夭夭，还会对一国经济造成重大损失。时至今日，全球网络依然脆弱不堪，尤其是涉及汇款的网络，一直是网络罪犯的主要目标，而且他们的技术和组织形式都达到了新高度。为了发现和修补漏洞，就应该秉持开放、合作的态度，共享信息、着手调查。

六、数字版权认证

（一）区块链与数字版权案例

利用区块链技术可以很好地进行数字版权认证，未来可能解放文化产业。由于互联网技术的推广和复制成本的低廉，艺术家正处于食物链的最底层。而如果可以利用区块链技术把艺术家放在产业模式的中心位置，这样艺术家既能享受表达的自由，又能将其知识产权所带来的精神价值和物质价值最大化。

（1）音乐商业的复杂性

艺术家们在黑胶唱片时代遗留下来的合同上签约了，而合同上的条款只适用于在音乐家与顾客之间存在高昂分销成本的年代。当音乐家创作了首个唱片时，大约得到了15%的收入分配。现在，如果运气够好，可能会得到更多的份额。艺术家们可能会将唱片著作权保护期在签约时以长期合约的形式让渡出去。在美国，这个保护期一般为95年，或者是艺术家去世后70年。如果这样的合约需要覆盖所有无法预见的创新成果，而且要成为一份公平的合约，是十分艰难的事情。

除此之外，还有一些因素会增加复杂性。产业的供应链里面成员数量非常多，这其中不只是出版商和演出权管理组织（管理音乐公开演出活动并收取版税的组织，如非营利的美国作曲家协会、作家与出版商协会、美国广播音乐协会以及之前名为欧洲舞台作者与作曲家协会的组织），还有制作商、工作室、各类场所、音乐巡回演出组织者和推广者、贸易商、分发商、经纪人。这些组织和群体都有自己的合约、会计和汇报系统，他们拿走属于自己的份额并将剩下的部分分给艺术家的管理人和经纪人，最后剩下的部分才会根据他们达成的合约付给艺术家本人，根据实际情况的不同，艺术家本人亲手拿到第一张版税支票等待的时间最长一年半，最短也要半年。最后，像 YouTube 和 Spotify 这样的技术公司，作为一种全新的中介，插入艺术家和唱片公司之间的供应链中，这进一步摊薄了艺术家的份额。

那么，唱片公司到底在其中扮演了什么样的角色，又增加了哪些方面的价值？很显然，它们在尝试管理这些复杂的机制、强化版权和打击盗版。比如，环球音乐出版集团让其超过 30% 的员工在全球市场内的本地市场专门负责版税和版权管理。最近，环球音乐出版集团还专门部署了一个艺术家专用的通道，不需要支付任何费用，他们可以分析版税的状态，并能够申请预提一部分资金，当然是以未来的收入为担保的。这个通道也提供了“查看 Spotify 使用情况的机会：一首歌曲被在线播放了多少次，有什么类型的人在播放它，这些听歌的人的播放列表中还有什么歌曲，特定的歌曲如何与听众产生共鸣”。

区块链上的智能合约可以降低复杂性，并将唱片公司在生态系统中的关键角色进行简化。根据伊摩琴·希普所说，“如果你是一个电脑程序、软件、数据库，这些问题就会消失了。这些数据会直接到达目标受众，而且无须花费一到两年才能将收入分享给艺术家、作家、表演家。这个过程是即时发生的，因为它是自动化的，并且经过验证的。除了这些，这种有全新文化的音乐分发服务能够从艺术家的拥护者中收集到非常有用的数据，如果艺术家能够得到这些数据，我们的效率会快速提高。”这是区块链上音乐产业的未来。

（2）新型音乐商业模式的诞生

基于区块链的平台和智能合约的结合，加上艺术社区在交易谈判、隐私、安全性、尊重权利和公平交换价值等问题上的包容性、正直性和透明性的标准，可以让艺术家和他们的协作者共同建造一个新型的音乐生态系统。这是在区块链上建立一个以艺术家为中心模式的目标，而不是以前那种以唱片公司或技术分发商为中心的模式。艺术家可以创作音乐并基于他们所创造的价值而得到合理的回报，至于音乐爱好者则可以对他们所喜爱的歌曲进行消费、分享、混录和欣赏，并支付一个合理的价钱。这个模式并不会排挤唱片公司或数字化分发商，但它们也会成为生态系统中平台的一员而不像以前那样成为生态系统的主导者。2015 年 10 月，伊摩琴·希普通过发布了她的一首歌曲“Tiny Human”而启动了她的首个试验。所有相关的数据都能在互联网上查到：器乐版、七立体声音轨、封面图像、音乐视频、封套说明里的音乐家描述、装备、人员、歌词、鸣谢对象、有用的链接及歌曲背后的描述。这些细节可以增加她在互联网上的可发现性，让潜在的协作者找到她。

伊摩琴·希普邀请了拥护者、开发者、服务商将她的歌曲上传到各自的平台上，并分享成果。她以非排他性的方式授权他们在各自的平台上创建伊摩琴·希普的艺术家档案，授权的前提是这些平台在上传希普的作品后需要把登录信息和权限分配给她。如果产生收入，她就让这些人提供有关支付模式、百分比和数量的信息，这样她就可以将这些细节作为分析该实验的一个参考因素。最后，她欢迎大家往她的比特币账户捐款，并承诺将一半的收入直接捐给她自己的慈善机构 Mycelia，这是她为这个新的生态系统起的名字。使用数据和参与行为可以为区块链下一阶段的开发任务提供参考依据。这个新的生态系统有以下优点：

① 价值范本。将艺术家看作任何事业中的企业家和平等合作伙伴，并且尊重艺术家作为企业家和任何事业中的平等合作伙伴身份的协议，将他们视为价值创造不可缺少的一环。那些在一开始就埋下不平等因素的老式纸质合约应该消失了。“版税收入份额不会再下降了，”希普说道。

② 包容性版税。根据每个人对创意过程的贡献公平地分配收入，这不仅包括作曲家和演出家，其他艺术家和工程师也是如此。每一个人都应该在艺术品的重大成功中获得收益，而不仅是唱片公司和分发商。

③ 透明账本。在区块链上的分布式透明账本让所有人看到一首歌所带来的收入。不会再有陈旧、私有及基于纸张的会计系统在背后记录这些事情。这个系统可以为不同性质的收入提供不同的标识（从雇佣关系的作品收入到版税收入），这能实现更简便的会计、审计和税务处理工作。

④ 微量计费。不仅音乐可以用“流”的方式获取，收入也可以。如果可以用微量计费的方式对音乐收费，那么消费者每次在

播放音乐的时候就会支付一笔很小的费用，这样版税就可以立刻用“流”的方式支付给艺术家和贡献者。这样，付款上的延迟、半年一次或每季度一次的版税支票以及含义模糊的版税报表都会成为历史。区块链理论家安德烈亚斯·安东诺普洛斯给出了这样一个例子，“阿根廷的 Streamium 是一个流视频服务，其可以让视频制作者为下载 200 毫秒的在线流视频收取 1 美分的千分之一的费用。其使用了多重签名、时间锁定交易、原子性及总和完整性等技术实现这个方案。视频制作者只为消费者提供已经付款的视频，而消费者只为实际消费了的视频付费。他们的合约在每秒内自动更新五次。如果他们中的任何一方退出，那么合约就会终止，而他们会以对双方来说最有利的交易进行结算。”

⑤ 丰富的数据库。各个数据库可以在彼此间进行互动，并将所有与核心版权相关的材料放到数字账本上，让所有人都可以看到。这些材料包括歌词、作曲和录音，上面附带了所有的元数据、唱片封套说明、插图和照片、单曲、作曲家和演出家愿意授权的权利、授权的条款、联系信息等，这样信息不完整的版权数据库就会成为历史了。这些版权信息都能轻易地获取，版权的所有者可以轻松地找到材料。

⑥ 使用数据分析。通过这个技术，艺术家终于可以得到与使用数据相关的分析。这样他们可以吸引到合适的广告客户和赞助商、安排巡回演出、规划推广活动、众筹资源及与其他艺术家进行未来的创意协作。

“这个模式可以捕捉到很多在以前丢失了的数据，如拥护者在哪里，他们年纪多大及他们的兴趣是什么等，”希普说道，“通过这些信息，我们可以对巡回演出进行量身定制，可以将与我们有共鸣的品牌和组织连接起来，或者推广喜欢及支持的艺术家、产品或慈善组织。我并不是在说像姓名、电子邮箱地址这类信息，而是一些范围更小但很有用的信息。我们可以将这些数据与其他乐队的数据参考对照，以便支持者和艺术家将数据用在有趣的事情上。”

⑦ 数字版权管理。这是一个管理数字版权的方式，但并非以前那种反顾客体验，只为了限制用户使用的 DRM（数字版权管理）软件层。部署智能合约可用于真正地管理版权，并使出版、录制、表演、经销和所有的其他权利最大化。这包括了为唱片公司和分发服务商而设的第三方参与的条款：唱片公司和分发商可以决定是否接受一个艺术家的使用条款和对服务的预期。如果艺术家不希望广告行为影响音乐的体验，他们就可以禁止广告的使用；如果他们希望从广告收入中获得特定的收入，他们可以坚持这个条款；如果他们希望某个大型的公司处理授权、分发和在特定区域执行版权保护行动，他们也可以这么做；他们也可以设置条款限制。如果公司不能达成一个具体的收入水平，那么合约可以自动被中止。艺术家也可以在可能或有需要的情况下使用自动化的附属权管理系统，这样未来的许可证持有人可以选择接受或拒绝艺术家的使用条款和付款要求。合约自身可以执行每一项协定，而且可以在出现任何违约或中止行为时通知艺术家。

⑧ 拍卖或动态定价机制。这样的实验可以用于促销和内容版本管理，甚至能够将附属权版税的百分比与一首歌曲的需求联系

起来。例如，如果消费者对某个歌曲的需求大增，那么这首歌的广告费用将会自动增加。

⑨ 声誉度系统。可以在比特币地址的交易历史和社交媒体等途径收集数据，从而为该地址创建一个声誉度积分。艺术家将可以建立自己的声誉度，而未来的合作伙伴，无论是协作关系中的艺术家还是艺术家与消费者、唱片公司、商户、广告商、赞助商、许可证持有人等，可以建立声誉度。通过多重签名智能合约的使用，艺术家可以避免与低于某个声誉度标准或账户中没有足够资金的实体签订合约。

（3）新型音乐生态系统的其他元素

① 基本的版权注册

音乐的版权有两个最基本的维度。第一个是底层作曲（用任何形式和语言创作的音符和歌词）在世界范围内的权利，这通常是由作曲家和作词家所拥有。音乐和歌词的版权可以分开处理。作曲家和作词家可以在有人录制或演唱教曲、购买乐谱、以另一种形式表现、将其翻译成外国语言或将其包含某本选集的时候收取版权费用。第二个是录音及在某种媒介（如数字文件或音乐节目录像带）上录制和保存的表演在世界范围内的权利。录制作品通常是由表演者或乐队成员签署版权许可协议，当该录制作品在电台、电视或互联网播放时；在电视节目、广告或电子游戏上使用时；被在线播放、下载时；以实物媒介（如黑胶唱片、CD 或 DVD）的形式购买时，都会得到版权相关的收入。

佐伊·基廷自主程度是多伦多工业摇滚乐队 22Hertz 转向区块链寻求解决方案的动力。在加拿大，一首歌的版权注册需要花费50加拿大元，而该证书只包含作品的标题。乐队的创始人拉尔夫·米勒并不认为若有人使用作品的歌词或旋律的话，这个证书足以在法庭上发挥用途。因此，他决定使用提取哈希值的方法，利用一个名为OP_RETURN（区块链里的一个操作代码）的功能将整首歌的哈希值上传到区块链上。如果任何人使用了他作品的歌词或音乐，就可以利用区块链上的这个特定交易将一首歌的哈希值与在区块链上存储的哈希值进行对比，从而证明其所有权。米勒说："当你将一个哈希值利用OP_RETURN操作代码上传到区块链后，经过一个个区块不断印证前面区块的记录，基本上是不可能改变任何数据了。这对我来说是非常有价值的。"当问到这个乐队的在线商店为何接受比特币支付并对比特币用户提供折扣时，米勒强调，"我并不想按照往常的方式去做生意。"

②数字内容管理系统

Colu也希望做一些不一样的事，这是一个基于比特币区块链技术的数字内容管理平台。它为开发者和企业家提供访问和管理数字资产，包括版权、活动门票、礼品卡——这是分布式音乐产业真正需要的东西。Colu与音乐技术领导者RevelatOF合作建造了一个权利管理API（应用程序接口），它的目标是实现伊摩琴·希普和佐伊·基廷所描绘的场景，即所有权、数字式分发和实际使用带来启发。"我们对Colu平台简化音乐版权管理的潜力感到非常兴奋，首先会从那些涉及歌曲作家及其作品的领域开始，"Revelator的创始人及首席执行官布鲁尼奥·格斯说道，"Colu让区块链的复杂技术可以整合我们这样的平台上，而我们也期望着探索所有能够为我们的客户提供更好服务的途径。"

③ 新艺术家寻找与管理

人才的寻找及训练是创意产业的一个重要方面。音乐家自然想在“好声音”(TheVoice)这样的竞赛节目中作为导师并扮演“新艺术家寻找与管理”的角色。区块链可通过使用率算法实现这样的“新艺术家寻找与管理”功能。我们可以看一下 Peer Tracks 的例子，根据其网站的登录页，它是为音乐爱好者和艺术家而设的“终极的一站式音乐平台”。Peer Tracks 为每个艺术家上传的每一首音乐都附加一个智能合约，而该智能合约会自动地根据表演者与作词家、作曲家及乐队的其他成员所签订的协议进行收入的分配。艺术家可以创建自己的代币，上面附带了它们的名字和肖像，就像一张虚拟的棒球卡。这些代币也是一种收藏品。艺术家可以设置代币的总量，这样就可以存在限量版的代币了。用户还可以根据自己的需要在整个 Peer Tracks 音乐目录上免费得到全面的访问权，而无须受到广告播放的影响。他们可以将歌曲和播放列表保存后在线下使用，并从目录中下载任何音乐或专辑。与 Spotify 或 iTunes 不同的是，用户还可以购买艺术家的代币并像棒球卡那样交易这些代币。当艺术家的受欢迎程度升高，其代币的价值也会升高，这样用户可以支持未成名的艺术家，而获得潜在的经济收益。对一个艺术家的喜爱可以转化为艺术家所提供的贵宾待遇、补贴及免费赠品。这样的机制让原来在 Spotify 上那些被动的听众转换成活跃的推广者，并建立一个长期、高度参与的拥护者群体。Peer Traks 希望为艺术家提供更多的流媒体播放和下载的费用（具体来说是收入的 95%份额），并将这些收入即时在区块链上发送出去。艺术家可以为音乐下载和促销活动设置自己的价格。Peer Tracks 称："很多由利益所驱动的并寻找下一个热门明星或代币的人，将会听到一个新入行的艺术家的歌曲，身为 Peer Tracks 的用户会投票让他们的曝光度增加。"

（4）为艺术爱好者服务的 Artlery：将艺术家与老顾客连接起来

众所周知，传统的艺术市场是具有排他性和不透明性的。一群数量相对较小的艺术家和收藏家占据了市场上非常大的一部分机会，而对那些尝试进入艺术世界的新人来说，可选择的路径并不多。即使这样，艺术市场的开放性和整体上缺乏规范的性质，让以下的一些尝试成为可能：试验新概念和新媒体，一方面在艺术市场进行民主化；另一方面在资产市场进行民主化。

Artlery 将其描述成一个由艺术家组成的网络，这些艺术家同意将收入的一部分与老顾客及参与他们作品之中的同行分享。Artlery 的目标是在区块链上发行一个艺术品背书的货币，让艺术爱好者成为他们所参与互动的艺术品的部分所有者和股东。它的做法是为市场上的所有参与方提供合适的激励机制，这些参与方包括艺术家、老顾客和策展人，以及像美术馆、博物馆、工作室和集市这样的场所，而不是单独地为一方保留机会而剥夺另一方的机会。为了让艺术家获得更多的赞助及建造声誉体系，Artlery 为艺术家的作品发起了首次公开募股，用数字化的份额对应艺术家的作品。Artlery 的应用程序让像姚宗・弗林斯、戴维・佩雷亚、基思・霍兰德、安塞尔姆・斯克斯塔、本顿・C. 班布里奇和集市少年团队，这样的艺术家可以将他们的实物作品进行数字化，将作品分割成像拼图板上的一块块拼图，然后根据 Artlery 应用程序内的每一个老顾客的贡献度将这些份额分配给他们。在一个作品的 IPO 阶段，老顾客可以积累这些权益。随着平台的成熟，Artlery 计划让这些积累的作品权益可以被转让和交易。

在由 Artlery 赞助的 2015 年斯坦福区块链峰会上，唐塔普斯科特决定支持一个由安塞尔姆 · 斯克斯塔创作的作品，它的题目是 EUBJUSD3081，是一幅被放大了并被打印在一张 58 × 44 英寸的 Dibend 铝复合材料上的欧元纸币。

（5）通过比特币区块链购买艺术品：如何运作

为了购买这个作品，唐塔普斯科特打开了他的比特币钱包应用软件。他使用这个软件创建了一个信息，指定了这份艺术品的购买价格作为比特币的发送数量，并将 Artlery 的公钥作为比特币接收地址，然后使用他的私钥去对该信息进行“签名”（验证）。唐塔普斯科特在这个过程中仔细检查了这些项目，因为在比特币系统中是不能逆转一个交易的，这跟传统的支付方法有所区别。然后，他并没有将这条信息发送到他的加拿大银行里，而是广播到由所有运行比特币完整区块链的网络上，有些人将此称为节点，而一些节点会将它们的处理能力贡献出来，以解决一个与创建区块相关的数学问题。就如我们之前解释的那样，比特币社区将这些参与解决数学问题的节点称为“矿工”；而它们解决数学问题的过程称为“挖矿”。这是一个不合适的解释，因为这个比喻听起来会让你产生，“专家会比普通人在这个过程中有优势”的误解，但事实并非这样。每一个矿工在后台运营一个具备特定功能的软件，而软件负责所有的计算任务。一些专业的矿工会对他们的机器进行配置，以优化其能力及降低能源的消耗，还会使用高速的网络连接。除了这些以外，不需要人类的智慧参与其中，也不会容忍任何形式的干预行为。

这个网络验证分为两个部分，第一是证明唐塔普斯科特拥有指定的比特币数量并对该交易授权，将唐塔普斯科特的信息认可为一笔交易。第二是护工将展开竞赛，将无序的、未被记录的交易转换为一个数据区块里有序的、记录好的交易。然后每一块区块必须包含其前序区块交易的摘要信息或哈希值，以及被称为noncce的随机数。为了赢得这场竞赛，一台电脑必须创建一块区块的哈希值；这个哈希值必须在开头包含特定个数的0值。至于哪个随机数会生产出满足正确数量的0值的哈希值，这在事先无法预测，所以各台电脑必须反复尝试不同的随机数，直到找到正确的随机数为止。这就像是彩票中奖一样，因为没法依赖任何技巧。不过个人可以通过购买最先进的计算机处理器去提高赢得大奖的概率，这样的处理器有特殊的架构，专门适用于解决比特币的数学问题。如果用“多买几张彩票”的例子来比喻的话，那就是多运算一些处理性能高的节点；或者，就像办公室的同事们经常凑钱买彩票那样，人们也可以将他们的节点聚集在一起计算问题（形成矿池），并同意分享其中任意节点所获得的奖励。因此，赢得奖励是与运气、处理能力有关的。

随着整个网络所聚集的哈希速率（算力）越来越高，寻找到正确的随机数的难度也就越大。当一个矿工找到了满足含有正确数量的0值的哈希值后，就将其工作量证明分享给整个网络上的其他矿工。这是分布式计算领域的一项重要的科技突破，也被称为“拜占庭将军问题”。其他矿工通过专注于创建下一个区块的方法，将前面新创建的区块的哈希值包含到里面，从而表示他们已经承认前面新创建区块的合法性。唐塔普斯科特的公钥和私钥对他来说都是唯一的，而每一个区块的哈希值也是唯一的。它就像密码学的指纹一样，使区块中的所有交易都可以被校验，不会有两个区块拥有同样的指纹信息。

因此，在唐塔普斯科特广播了他那条信息的 10 分钟内，他和 Artlery 都接收到了一条确认信息，表明唐塔普斯科特的比特币交易创造了被称为“未被花费的交易输出”的项目，这意味 Artlery 可以通过模仿唐塔普斯科特所做的事情就可花费这些比特币，那就是广播一条指定了数量以及接收方地址的信息，并用 Artler 的私钥授权该交易。

如果艺术家和老顾客同时知道唐塔普斯科特和 Artlery 的公钥，那么他们就可以看到两者之间的交易被成功执行，并能看到交易所涉及的数额。这就是我们将它称为“公共账本”的原因，即所有的交易都是透明的、匿名的，在里面我们可以看到各方的地址，但并不能看到这些地址对应的人名。每一个后续的区块都可以为之前所有交易的真实性提供确认。

（6）下一代的艺术品老顾客档案：重新定义金钱

现在，唐塔普斯科特在一份欧元的艺术风格绘制品的相关权利中拥有了一定份额的权益。当这份实物作品卖出后，艺术家、销售场所、唐塔普斯科特及其老顾客都会根据他们的参与程度而接收到一定比例的销售所得。换言之，老顾客的参与很重要。若老顾客能够与艺术家及其作品互动，在社交网络上表达他们对该艺术家及作品的热爱，激励其他人与艺术家及作品互动，便为该艺术家品牌的推广做出了贡献，就会得到比那些在线观看一次便购买作品的顾客获得的奖励多。Artlery 在刚开始时会专注作品销售所得的赠予。这个平台将来会让老顾客在直接购买艺术品的所有权，分享该作品的订阅版税收入或著作权许可所得的一部分。

通过直接地将多方（包括老顾客）引入这个模式中，将他们作为权益持有人对待，Artlery 正在对会计投入更多的关注度。作为一个公开的、分布式的账本，区块链确保了交易的开放性、准确性和处理的及时性。这种模式的支付范围比首次销售、二次销售及像印刷和销售这样的附带权利更广阔，这样个体艺术家就不会再独自行动了。这些艺术家将会有一个由持有权益的老顾客所组成的社区作为后盾，确保他们执行合同的权利。Artlery 用以下几种方式使用比特币的区块链。首先，它通过与另一个比特币初创企业 ascribeio 的合作关系及 API（应用程序接口）的整合将艺术作品的起源作为元数据在区块链上注册，并上传付款表，这样所有的权益持有者会立刻根据他们的资产份额获得收入，这对所有的参与方来说都是公开透明的。其次，它正探索使用多种将这条信息进行编码的技术，这包括了在交易中嵌入的比特币脚本。虽然它最初的目标市场是精细工艺品，但 Artlery 对其他如音乐、书籍和电影这样的著作权，相关产业中都有很明显的吸引力，它会通过发布自己的应用程序接口将这些市场设为目标。

（7）将信息传递出去：教育所扮演的关键角色

比尔·盖茨、史蒂夫·乔布斯、比兹·斯通和马克·扎克伯格是广为人知的成功企业家，而他们曾经为了在数字经济时代独自创业而退学。伊腾穰一也是这群精英中的一员，这是我们企业家文化的一个象征，一个人若希望探索某个想法，就像伊藤穰一常说的那样："深入研究并了解其细微差别"，这就是让一个梦想家从教室走向商业圈的原因。亨利·福特（福特公司创始人）和沃尔特·迪士尼（迪士尼公司创始人）在没有大学学位的情况下实现了他们的梦想。麻省理工学院选择了伊藤穰一去管理其具有传奇色彩的媒体实验室，这是所有与数字化及文化发展相关的中心，这也是跟上面谈到的几个缺乏大学学位却走向成功的企业家相似的案例。

伊腾穰一说："我加入媒体实验室之前就对数字货币很感兴趣，20 世纪 90 年代的 Digi Cash 运行了早期的数字测试服务器。我所写的第一本书是用日语写的《数字现金》。所以这符合我长期的兴趣，而且很早就有关注了。"

在他去了媒体实验室后，一些学者还在研究与他们的主学科相关的比特币所涉及的技术，如共识机制、密码学、计算机安全性、分布式系统和经济学，但没有人专注做这些事情。他并没有看到有教员做比特币底层的研究，即使麻省理工学院的学生已经发起了 MIT 比特币项目，将 100 美元价值的比特币发放给了本科生。

伊藤穰一希望将信息传播出去并建立与法律、技术和创造性挑战相关的团队。区块链技术的发展速度比互联网技术快，但学术界的参与程度并不深。伊藤穰一的行动非常迅速。他在媒体实验室发起了数字货币组织（DCI）并雇用了前白宫顾问布赖恩·福德负责运营。他将比特币的三个核心开发者带到了 DCI 里，并为他们提供安稳的状态和资源，这样他们就可以专注于代码了。他认为，创建一个由对比特币感兴趣的大学所组成的学术网络是很重要的，这还在进行中。“我们正在设立课程、组织研究，不过目前还处于早期阶段，”他说道，“我们刚得到了支持该项目的资金，而且我们希望提高教员和学生对此项目的兴趣。”还有，他希望麻省理工学院媒体实验室重新设计更高的教育项目，像他这样的人就不需要退学并能意识到一个像媒体实验室这样多元化地方的价值。这是一个引领学术界的未来前进的机会。

作为一个处于前沿的区块链理论家和学者，梅拉妮·斯旺在让学生了解区块链这个领域的工作时做得更为具体，而这并不是在传统的大学里进行的，而是在区块链上进行的。“这是我们行事方式的一场翻天覆地的变革。学术机构并非实现对区块链这样的新生事物的学术思考的最佳场所，”她说道。例如，在学术期刊上出版论文需要等待 18 个月才能得到拒绝或出版的回复，而学者可将论文直接发布给有限范围的同行，实时接收评论，并建立在更大范围的受众群体中出版所需的可信性。评论者可以像用户在 Reddit 论坛那样对论文进行投票。论文的获取甚至可以是免费的，但其他科学家可以向作者订阅一份深入分析或经过整理的讨论。她可以公开原始数据或放在智能合约上与其他科学家一起分享。如果这份论文产生了商业机会，她可以预先保护相关的权益，并考虑为研究提供资助的机构及它们可能对成果所主张的权利。

梅拉妮·斯旺是区块链研究学院的创始人。“这是一个教育性机构发展的开端，它的目的是支持这些技术的学校。显然，所有的见面聚会、用户组和黑客马拉松都是非常有用的，”她说道，

“每一个战略和会计咨询公司都有一个区块链实践组，还有一些像区块链大学这样的教育机构。”梅拉妮·斯旺在奇点大学主持一个区块链工作坊的教学。

她描绘了一种教育体系，在里面一个大学生可以成为她口中的“教育调酒师”，将兴趣或所需的技能与认可的课程结合起来，甚至可以成为大型的在线课程（MOOCs）。“MOOC是一个去中心化的教育体系，这是它的好处。这样，我可以通过Coursear在斯坦佛大学参与来自AndrewNg的顶级机器学习课程。我可以在麻省理工学院参与其他的顶级课程。”这样世界各地的学生都可以找到自己发展所需的课程，并接受相应的认证。她解释道：“就如我参与GRE、GMAR或LSAT考试那样，拿出身份证件就可确认我是否为本人，然后便可开始考试，”而这种确认方式可以轻易地成为MOOC基础设施的一部分。

梅拉妮·斯旺一直在思考如何能在区块链上实现MOOC的认证及解决学生债务的问题。区块链提供了解决这个目标的三个元素：①一个可信的真实性证明机制，一个用于确认申请Coursear课程的学生完成了该课程、进行了考试并掌握了材料的智能程序；②支付机制；③可以构建学习计划的智能合约。“为什么我们不将经济救援用于个人发展呢？就像Kiva小额贷款项目，不过这个是为素质教育而设的，”梅拉妮·斯旺说道。在这里，所有的事情都是很透明的，而参与者会承担责任。捐赠者可以赞助某个儿童，将钱划拨到学习需求上，然后根据其学习成就付款。“假如我想在肯尼亚的素质教育项目中资助学校里的一个儿童，在每个星期这个儿童都需要提供一个完成了某个阅读内容的证明。区块链可以确认儿童的身份并记录进度，当条件满足后才会将下星期的资金发送到儿童的学习专用智能钱包，这样该儿童可以在无干扰的情况下继续收到为教育任务而设的资金。一笔拨给此儿童的教育费用不会转移到其他人的学费中。”她说道。

（8）文化产业在区块链和大众的支持下成长

两次世界大战让全球的领导者认同政治和经济协议不能（也永远不可能）维持长久的世界和平。和平必须植根于共享的道德观和社会的知识自由。1945 年，三十多个国家组织了一个教育机构，可以为和平塑造一种文化。这就是后来的联合国教科文组织。它今天在世界上的任务是“在文明、文化和人们间创造对话的条件。”“我们作为一个物种，得以生存是依靠创意而不是本能。当创意产业繁荣发展，创意家能够谋生时，我们都会受益。还有，经济的领导者展示出这个产业内的制作者和消费者快速采用并且适应新技术的能力。音乐家为了大众利益的实现，一直率先探索创新的机会，而这样的成本通常是他们自己承担的。这些默默付出的成员给我们带来了启发，而每个商业高管、政府官员和其他机构的领袖也应该从他们中学习数字年代的新纪元。”

（二）数字版权认证法律风险

（1）数字版权领域中存在的法律问题

出版、媒体行业是较为传统的行业，随着互联网的迅速发展，该行业也正在不断受到冲击。这种冲击不仅表现在对传统商业模式的冲击，而因事实关系变化引起的法律问题也不断凸显。互联网的兴起使信息获取更加便捷，信息载体也更加多样化，从原有的纸质媒体发展到了数字媒体，其形式包括电子书、网页、图片、音频、视频等。不同于传统的复印、拓印、临摹等较为复杂和高成本的复制方式，在互联网上的复制轻而易举，而且成本很低。另一个变化则是，互联网或者计算机通过输入和输出的方式与现实世界产生联系，从而不可避免地形成了一个虚拟世界，使现实中的权属状态与虚拟世界中的权属状态分成了两个部分，而且不能保证两者必定是匹配的。

由此可以概括出数字出版行业存在的主要法律问题包括以下内容。第一，权属关系的不明确性。根据《著作权法》第 2 条第 1 款的规定，公民、法人或其他组织的作品，无论发表与否，都依法享有著作权。因此，不同于其他知识产权，著作权是无须登记即可享有的一类知识产权。从而也就导致了，在信息泛滥的互联网环境下，每一种数字作品的原权属人不明确的情况。为了解决该问题，中国允许作品登记。该登记并不影响著作权人依法享有著作权。版权登记从申请提交到获得证书，一般需要一个月，费用约为 1200 元 / 件。同时，需要一个政府机构（各级版权局）来受理并登记版权，而版权登记机构不会对提交的材料进行深入的实质性审查，只做形式审查。[①] 可见这种登记制度对著作权人的保护作用十分有限，且由于其高昂的成本以及烦琐的手续让众多数字作品著作权人望而却步。在数字作品数量暴增且交易频繁的情况下，这种制度并不能有效解决权属关系不明确的法律问题。第二，互联网上信息易复制的特性，使侵权行为比比皆是。根据

① 吴健，高力，朱静宁. 基于区块链技术的数字版权保护［J］. 技术专题，2016（7）：61.

《著作权法》第 10 条的规定，复制权是属于著作权内容之一的，但在互联网环境下这种权利并没有得到完整的保护。数字版权贸易正变得越来越频繁，版权授权的需求量与日俱增，海量作品的授权问题变得尤为突出。第三，现行的版权交易方式具有过程复杂，交易成本高，交易效率低等特点，已明显无法适应互联网时代数字版权贸易的要求。第四，除了正式出版物，大量的小视频、图片、网络文章也有版权保护的需求，大量这类原创作者不是都为了交易获利，而是保护自己原创的名义，现行的版权保护模式难以满足这类要求。①

（2）区块链技术的应用能够解决的法律问题

目前，该领域的主要应用案例有国内的精灵区块链项目及国外的 Mediachain 项目。Mediachain 是这个领域内一个创新型的独特项目，它由美国的一家创业公司 Mine Labs 开发。它是一个基于区块链技术的元数据协议，数字创意者可以在其作品上添加附属信息，并在数据上添加时间戳传送到区块链上，将其储存在分布式文件系统（IPFS），这是一个分配式文件系统，其整合了区块链技术各方面的特征，可以让用户将身份认证信息附加在文件上，同时，还能够通过查询文件的方式搜寻创造者，即实现了身份认证功能和版权查询功能。

通过上述案例，以及对区块链技术特性的分析，可知基于区块链技术的数字版权保护技术能够或者有助于解决的法律问题包括：第一，通过身份认证功能有效地减少侵权行为的发生。这是利用区块链技术的最明显优势。通过区块链技术的不可篡改性以

① 吴健．去中心化数字版权保护技术初探［J］．2016（12）：210.

及在其上记录的可信时间戳，都能够证明某一作品具有唯一性。这种权利人明确且可查询的状态能够有效防止现阶段因不具有唯一性而随意传播、复制、改编等行为引起的侵权。第二，能够让更多的人知晓著作权人，强化了这种登记的公示效力。区块链具有公开性，可以供他人查询。这不仅能够保护著作权人，更符合了那些不为获利，而只为保护自己原创名义的人提供了一个经济、便捷的解决途径。第三，利用区块链技术有助于解决著作权纠纷。区块链技术具有可追踪性，它能够记录每一个著作权被记录的时间，以及每一个著作权交易的时间，且不被恶意篡改或攻击。因此，只要保证在最初登记的权利人真实的情况下，区块链上所记载的信息肯定具有可信性，从而使在该数字作品上的权利状态清楚明了。这种清楚明了的状态，在发生纠纷时能够提供充分有效的证明，提高了解决版权纠纷的效率。相较于现在实施的版权登记制度，更加有助于纠纷的解决。第四，在全球化的背景下，区块链技术的应用将有助于解决著作权等知识产权在法律上的地域保护所导致的相关纠纷。经济全球化背景下，各国间的商业往来都较为频繁。根据中国《著作权法》第 2 条第 2、3、4 款的规定就可以看出，外国人、无国籍人的作品只有在满足相应条件的情况下，才能受到中国著作权法的保护。因此，在国际化背景下，很容易导致因在特定保护区域以外使用而侵权的情况。区块链技术的使用一定程度上能够有效解决这种侵权行为的发生。

（3）有待解决的法律问题

区块链技术固然能够解决既有的许多法律问题，但其本身也将带来一些法律问题。

第一，信任危机。如上所述，想让记录在区块链技术上的信息具有可信性，那么必须解决最初登记信息的真实性，即保证在最初登记的人是作品的真实权利人。如果不能保证这一点，那么后续的不可篡改性以及可追踪性，反而将加重这种信任危机。以 Mediachain 为例。尽管 Mediachain 的设计非常受欢迎与重视，但还面临这种来自过去和未来的各种挑战——如何面对想要非法占有他人作品的人。Mine 团队表示，他们一直致力于研发一个 Mediachain 用户可以给图像加注释的平台，通过这样一个信誉系统，别的人可以把信息托管给该平台。该公司创作团队人员提道，“我可以宣称是我创作了《蒙娜丽莎》。我们的想法是，这个结成联盟的方法让你相信其他人可以对一个元数据的正确性做担保。这是这个项目的价值所在。”他们还相信 Mediachain 社区随着时间的推移可能会得到信任也可能丧失信任，这取决于它如何维护开放存取资源。[①] 可见，这种信任问题将是该团队需要解决的重点问题。

第二，存储在区块链上的版权信息在证据法上的认定问题。这属于数字版权应用领域的延伸问题。虽不是专门用于作为证据存储，但当发生有关纠纷时，这种信息能够作为证据使用也将是留给司法领域的一大课题。根据中国《民事诉讼法》第 63 条的规定，证据包括当事人的陈述、书证、物证、视听资料、电子数据、证人证言、鉴定意见、勘验笔录八大种类。根据最高人民法院、最高人民检察院、公安部《关于办理刑事案件收集提取和审

① http://mp.weixin.qq.com/s?src=3&timestamp=1478578634&ver=1&signature=J*46E3MwKX1k451Eu*4ShQaJ1QE23qbQISluxbwhwERMM99-uPBK85iZ4Jfx1P*CSOF18Vqal7mHk8bK9TLG9zK0S3NwkgHJqdYkaBhgHZ-9A9iK4DsfH6zOXPnXpKncxh0ReWPwQkulwhxSIbBMmg.

查判断电子数据若干问题的规定》第 1 条规定，“电子数据是案件发生过程中形成的，以数字化形式存储、处理、传输的，能够证明案件事实的数据。电子数据包括但不限于下列信息、电子文件：①网页、博客、微博、朋友圈、贴吧、网盘等网络平台发布的信息；②手机短信、电子邮件、即时通信、通信群组等网络应用服务的通信信息；③用户注册信息、身份认证信息、电子交易记录、通信记录、登录日志等信息；④文档、图片、音视频、数字证书、计算机程序等电子文件。”由于，区块链属于全新领域，虽从技术上证明了其可靠性，但是还未在实践中大量使用，因此区块链上的版权信息能否作为电子数据使用尚不明确。

第三，信息孤岛。在没有形成一个统一的行业链时，每一个服务提供商都有可能单独建立自己的区块链,从而形成信息孤岛。信息孤岛形成所带来的后果是极其严重的。举例说明，当一个人恶意将同一个数字作品登记在不同的服务提供商，这个人就可以利用信息的屏蔽、隔断，将一个数字作品多次重复进行交易。这不仅会损害交易相对人的利益，同时也会造成资源的浪费。

（4）监管建议

区块链技术作为信息技术发展的产物，必然具有一定的技术优势，同时也必伴随相关的法律风险。法律风险根据产生的原因不同，可以大致分为由技术风险引发的，以及与既有的法律规定相冲突（这种冲突既包括积极冲突，也包括因为法律规定空白而引起的消极冲突）而导致法律定位、法律性质不明确的问题。针对前一种风险，在监管上必须着重对相关服务提供商的技术能力进行监管，如对行业技术标准、技术条件、物理条件、高管人员的任职资格、信息技术官的任职标准等做出严格的规定；从公司建立伊始，截至公司倒闭，通过信息报告、风险预警等多种手段进行监管。针对后一种，需要结合更多、更丰富的实践案例，制定或修改既有的法律，从而将数字版权认证领域纳入监管之中。与此同时，政府也应该积极推进、鼓励行业链的形成。只有这样才能真正打通数字版权保护领域，促进行业健康发展。

七、电子商务

目前，电子商务意味使用中心化的服务。eBay、亚马逊和其他大公司对卖家实施严格监管，而且收取不菲的费用。这些公司只接受像信用卡和 Pay Pal 这样的对卖家和买家都收取手续费的支付方式。因为电子商务公司和政府审查所有的交易商品和服务，所以买家和卖家不能总是自由地进行交易。

Open Bazaar 为电子商务提供了另一种途径，它把权力归还到用户手中。Open Bazaar 将卖家和买家直接联系在一起，不再需要中心化的第三方来连接买卖双方。因为在交易中不存在第三方，所以不存在交易费用，没有人能够审查交易，而且公开个人信息的决定权在用户手中。

Open Bazaar 旨在实现更广泛的 P2P 电子商务，使用比特币作为交换媒介，消除中心化模式导致的隐私和经济问题。Open Bazaar 最初是建立在 Dark Market 这个去中心化市场上的，2014 年 4 月在多伦多比特币世博会赢得黑客马拉松比赛，后来从 Dark Market 中分离出来。Open Bazaar 是为网上点对点（P2P）交易创建的去中心化网络的开源项目。Open Bazaar 平台上买卖双方使用比特币进行交易，没有费用，而且不会受到政府监管机构的审查。简单地说，它就是 eBay 和 Bit Torrent 结合的产物。

比如，用户打算出售一台旧笔记本电脑。用户需要首先下载 OpenBazaar 客户端，然后在用户的电脑上创建一个商品目录，并标明商品的细节。当用户公布这一商品的名录之后，这个名录就被发送到 Open Bazaar 的分布式 P2P 网络上。Open Bazaar 的其他用户查找用户设置的关键词，如笔记本、电子产品等时，就会发现用户的商品名录。他就可以接受用户的报价或者不接受报价，提出新的报价。

如果大家都对标价无异议，Open Bazaar 的客户端将会使用用户的数字签名在两者之间创建一个合约，并将这个合约发送给第三方，也被称为公证人。当买卖双方产生纠纷时，公证人就可介入交易。这些第三方公证人和仲裁者也是 Open Bazaar 网络的用户产生纠纷时，卖家和买家都信任的人。公证人为合约作证，并创建多重签名比特币账户，只有当三个签名中的两个被集齐时，比特币才会发送给卖家。

买家发送商定好的数量的比特币到多重签名地址。用户会得到通知，知道买家已经发送货款，然后用户就可以发货了，并告诉买家已经发货。几天后，买家收到笔记本，他将告诉用户收到笔记本，并从多重签名地址释放货款。用户获得了比特币，买家获得想要的笔记本。没有交易费用，没人审查交易，买卖双方皆大欢喜。交易有时候并不能顺利进行。如果用户从卖家手里买了一本书，用户向多重签名地址发送比特币，但他们发错货了，或者质量不像广告说的那样好，那该怎么办呢？这就需要第三方介入了。多重签名需要集齐三把私钥中的两把才能够从多重签名地址中取走货款。第三方公证人控制第三把私钥，所以在买卖双方达成和解或者第三方认为卖家或者买家是正确的以前，多重签名地址中的比特币不会被移动。

为了保证用户隐私不被公开在网络上，Open Bazaar 借助评分系统，允许所有用户可以对其他用户进行评分反馈。假如有人想实施诈骗，那么其信誉将会受损，如果第三方不能对交易纠纷进行公正裁定，那么，他们的信誉也将受损。当用户在 Open Bazaar 平台上购物和选择第三方公证人时，用户便可看到他们的信誉评分，判断其他用户是否信任他们。保证这些评分是合理的，防止作弊是巨大的技术挑战，用户可以参考我们的解决方案。

如果这样仍然不能消除用户的疑虑，卖家和买家可以创建一个投票池，由买卖双方都信任的用户组成。这些步骤听起来很复杂，但 Open Bazaar 客户端会处理这些细节问题。我们的目标是为 Open Bazaar 用户提供比陈旧的中心化平台更好的用户体验。

我们可以将这个简单的场景扩展为寻找一个供应链合作伙伴、协作者或用于管理分布式资源的软件的场景。用户如果希望从中国采购钢铁，从马来西亚采购橡胶，或从堪萨斯州的威奇托采购玻璃，这些都能够实现。以 Dapps 的形式进行运作，去中心化在线清算场所让采购商可以达成关于价格、质量、交货日期的合约，这个过程只需用鼠标点击几下就能完成。用户将会有一个详尽的、可搜索的记录，其包含了以前的交易信息。用户可以在虚拟的地图上追踪每一个批次货物的运输状况，展示出其精确的位置。用户可以对商品的运输计划进行仔细地管理，确保它们及时到达，那么就不需要仓库了。

八、存证取证

区块链技术可被应用于各类数据公证及审计场景。比如，区块链可以将由政府机构核发的各类执照、许可证、登记表、证明和记录等永久地安全存储，同时，可以在任意时间节点提供某项数据存在性、一定程度真实性的证明。

大数据时代，每个人都可能有数据存证的司法有效性、数据原始性不被篡改、数据主权维护的需求。保全网，作为一家致力于数据保全的互联网公司，为用户提供“一站式”的数据保全、信任连接、公证服务，以更可信的基础架构、更低廉的保全成本为基础，挖掘更多因为高成本而被忽略的需求。

Cert Chain 成立于 2014 年 6 月，Cert Chain 以纯粹数学算法的方式为普通个人、律师、管理人员和行政人员等提供基于区块链的数据指纹保存和鉴证服务，高效、低成本地证明某个人对某个文件或信息的所有权。目前，Cert Chain 设计的文件和数据信息包括遗嘱、契约、授权书、医嘱、本票、网页、在线图片、微博、微信等。

Factom，基于区块链技术设计了一套准确、可核查和不可更改的审计公证流程与方法，尝试使用区块链技术来革新商业社会和政府部门的数据管理和数据记录方式，包括审计系统、供应链管理、财产契据、法律应用、金融系统等。它还可以提供资产所有权的追踪服务。由于 Factom 是区块链存取证服务的典型应用，以下将详细分析其技术和业务特性。

Factom 是一个建立在比特币区块链上的通用数据层。用户可以通过这个数据层，方便其数据创建一个独立的虚拟区块链。用户的单个数据包被称作输入条目（Entry）。Factom 不会对用户的数据提出任何格式上的限制，任何数据都可以加载。为了达成这个简单的目标，Factom 系统却需要实现诸多复杂的特性，即系统应该为分布式和自动化，还要“审查免疫”。

Factom 创建的是一个共识系统，用户只要把数据输入其中，便会被及时记录下来。因为整个过程是分布式的，所以不要求输入者的个人身份信息。这个系统的正常运转依靠一整套密码学维持的协议。如果有人利用 Factom 系统从事违法犯罪之事，即使他的行为在数据输入过程中不能被立即识别，但随后不良行为者也会被一个用户投票系统甄别出来并剔除出去。

以下会细述 Factom 的体系结构，并介绍它的每个模块。我们会分析对 Factom 系统可能的一系列攻击，并一一阐述这些问题会如何被化解。只要过半的参与者诚实地运行 Factom 系统，Factom 系统便能正常运作。但是在不良行为者为多数时，系统的性能可能会略受影响。这时用户投票系统就会发挥作用，把这些人一一剔除出去。

Factom 系统创造了一种叫作 Factoids 的电子币，持有这种电子币才表示有权使用 Factom 系统。只要把 Factoids 转化成数字积分，便可以被允许把数据写入 Factom 系统。同时，运行 Factom 的联邦服务器也能获得作为系统维护回报的 Factoids，由于每个信息输入需要消耗一定的 Factoids，不太可能出现海量垃圾信息被输入系统中。

Factoids 的实现和其他的加密货币类似。通过一个签名交易，Factoids 币可以从一个地址转移到另一个地址，系统也会提供多重签名机制。还可能利用类似 UTXO 的机制来实现一个轻量级的 Factom 客服端，并利用 Merkle tree 技术将之进一步优化。

Factom 系统会维护一个单独 Factoid 链来维护 Factoids 币的转账信息，Factom 联邦服务器也会识别有效与无效的 Factoids 交易，安全维护 Factoid 链块。

Factoids 币可以被转换成输入积分，输入积分维护在独立的链块上。这个链块上持有输入积分的公钥地址，利用该公钥对应的私钥可以签署一个 Factom 链操作。这个操作可以实现两种功能：一是创建一个新的 Factom 链；二是在已有的 Factom 链上添加一个信息输入。每写入一 KiB 的数据需要消耗一个输入积分。如果在 Factom 链上添加信息输入的时候没有付出足够的输入积分，这个操作会被忽略，已付的输入积分也会被没收。完全节点看到付费不足的信息输入，不会广播这个付费不足的操作。这个信息输入也不会被传达到联邦服务器。

一个付费足够的信息输入便可以发起一个操作，即把数据写入链块，但这个操作有时间限制，这个时间被称为输入积分有效时间。现在把输入积分有效时间暂定为 24 小时。如果在这个时间内，数据还没有成功被写入链块，这个输入就会作废，对应的输入积分不会被退回。这样设置是为了避免出现一个无限增长的输入等待队列。

虽然 Factoids 能转换成输入积分，但输入积分不能被转换成

Factoids，输入积分也不能在账户之间转换。我们考虑给输入积分也设定一个有效时间，如几年内还没被使用就失效了。Merkle tree 技术可以被利用在轻量级客户端上帮助识别哪些账户剩余了多少输入积分。

输入积分是由 Factoids 转换生成的。转换交易需要适当的签名，并指定输入积分的公钥地址。一旦转换成功，输入积分就会永久绑定在指定的公钥地址上。Factoids 与输入积分的兑换汇率由联邦服务器来决定。Factoids 由一个独立的 Factoids 链维护。输入积分也由一个独立的积分链来维护。只有符合 Factom 协议的有效交易才能通过协议被审查，被写入这些链。由于输入积分只能由 Factoids 兑换而来，没有 Factoids 的人需要向 Factoids 持有者购买才能获得，用来支付 Factom 系统的使用费用。

用户必须使用公钥签署他们发起的 Factoid 交易、数据输入、链操作，如果他们希望投票，还需要创建一个身份标识并与一个公钥地址绑定。同时，这个公钥地址需持有输入积分。Factom 服务器必须有一个身份标识和 Bitcoin 密钥，才能在比特币链块上发布锚。为了进行区分，输入积分的链块和 Factoid 的链块的公钥地址还会使用不同的格式。

各单位必须能够建立、维护和保护 Factom 系统里的身份标识信息，Factom 用户需要先给自己建立一个身份标识，才可以给 Factom 服务器投票并获得奖励。Factom 联合服务器以及 Factom 审计服务器都必须给自己创建身份标识信息。Factom 审计服务器是那些待选的联合服务器，它们已经获得了一定票数，但票数太少，还不能成为正式的联合服务器。

在身份标识链中的第一项必须定义输入积分公钥的层次结构。每个密钥能签署下一个项，并替代之前的密匙，但必须通过在当前链块位置上有效地输入积分公共密钥进行签名。一个没有用输入积分公共密钥签过名的项目会被系统共识算法忽略。这种未被签名的项目可能在其他情况下被利用。其他层次结构也是可能的，如被用于其他应用。系统对身份标识信息的结构和内容没有限制。Factom 和其他应用程序都可以简单地解析身份标识链，并获取所需的信息。

热键在应用程序里代表的是身份标识信息，但系统可能会被破解。所以允许利用备份密匙来修改热键，以替换泄露的密钥。此外，脱机密匙可以用来代替备份密匙。冷藏键是保护身份标识链块的最后一道防线。

联邦服务器和审核服务器都是由 Factom 用户选举产生的。用户需要建立一个身份标识并持有一定积分才有权参与投票。一个用户的身份标识信息可以保存 Factom 公钥，这个公钥能把数据输入 Factom 系统里。用户可以把投票权授权于联合服务器，或其他代理人。由他人帮助用户进行投票。

在单靠协议本身已不能识别不良行为的情况下，联合服务器必须和用户保持通信。例如，某些服务器的行为可以明显看出有审查的征兆，但该服务器没有破坏协议。

Bitcoin 的公钥可用来把哈希数据上传到比特币区块。它们不能被用于一般的 Factom 转账。必须同时持有 BTC 公钥和有效 OP_RETURN 时才能在 Factom 系统进行交易。如果攻击者盗取了 BTC 公钥，但只能盗取到该地址上的 BTC，Factom 系统不会受到影响。这样的失窃对系统影响很小。

Factom 下一个系统状态完全取决于联合服务器给的随机种子。在每分钟结束时，每个联合服务器在各自的哈希序列上运行。这些哈希值合并在一起，就会产生随机种子。只要有一个联合服务器的哈希值是未知的，合并以后的随机种子就是未知的。Factom 系统状态不可能被轻易地操纵。

身份标识的概念不只 Factom 系统内会使用，相关的一些应用程序也可以维护一个自己的公共密钥的多层结构。创建身份标识后，可以号召该应用程序的客服来使用他们的身份识别系统，用户可以登录，并操作身份链来更新自己的身份信息。如果身份标识 B 需要给身份标识 A 提供担保，那么他们发起一个背书操作，并将其放在身份链中，A 就可以进入身份链，表示是否最终同意这个背书；或 B 可以自己先签名再把背书发送给 A，A 再签署，把经过双方签名的背书写入身份链。

身份可以放入授权列表，从授权列表中删除。授权列表既可以是加密的，也可以是私人的，或者由 Merkleroots 验证的（不需泄露列表信息就能验证有效性）。

Factom 协议定义了一系列的通信规则。每分钟大多数联邦服务器会达成共识；每隔 10 分钟，达成共识的联邦服务器中会有一个服务器写入一个哈希到比特币区块链。Factom 采用的是和比特币相似的 P2P 网络。该网络使全部节点都能看到传播中的有效交易。P2P 网络的连接也是随机的，如果联邦服务器停顿了几秒钟没有发出数据包，它们就会被审查服务器替代。具体被哪个审查服务器替代，由其他联邦服务器来确定。Factom 网络是一个由众多完全节点构建的点对点网状网络，完全节点可以验证 Entry commints 的有效性。如果发现了无效的 Entry commints，便能及时拒绝。对于 Factoid transactions 和 Entry Reveals 也是同样道理。

Factom 的主要任务是打包数据，同时保证抵御审查，而且能够防范垃圾信息。Factom 自身的主要职责不是数据存储，而是通过在一个分布式哈希表(DHT)P2P 网络实现数据的共享。目前，作为一个完全节点需要存储 Entry Data。在未来为了降低运行一个完整的节点的门槛，将不需要一个完全节点存储所有的 Entry Data。

Factom P2P 网络主要有五种类型的消息。服务器消息此处不再赘述，在服务器故障消息（SFM）章节有详细解释。剩下的四种消息，有两种消息用于支付手续费，然后创建一个新的链。另两种消息类型用于支付手续费，然后在已存链里写入一个 Entry。所有消息通过 P2P 网络广播，并会被保存在各类链中。

联合服务器每处理一个 Entry Data element 都会产生确认消息（Confirmation Message）。此消息通过 Factom 节点网络传播，它意味着 Entry 一定会被 Factom 系统记录。该消息还表示 Entry 被记录的时间顺序，Confirmation Message 被放置在联邦服务器的进程列表。

用户在 Factom 系统内购买 Entry credit 的同时，系统会给予用户的“开户服务器”一定投票，但这个投票的效果是递减的。用户 Identify 对应的公共私钥会被设定一个递减的权重。例如，第一天投票的权重是 180；在接下来的每天权重都会减少 1；在

180 天以后，当初对服务器的投票就归零了。投票权重从 180 到 0 线性递减。

每个超时周期所有服务器都需要做出回应。我们可能会将 TOP 设置成 10 秒。在比特币网络，一个消息广播到 50% 的节点需要的时间低于 2 秒。现今正在研究当 Factom 网络信息传播不够快时，把 TOP 时间延长。等网络响应时间恢复正常以后，再把 TOP 恢复原值。

服务器心跳可能是一个有效 Factom 消息。在服务器没有 Factom 信息需要广播的时候，就会发出一个包含时间戳的空消息，作为心跳消息。

服务器故障消息可以被修复，只要发出另一个服务器故障修理消息。如果服务器 A 看到大多数服务器都发布了服务器 B 的服务器故障修理消息，那么服务器 A 就会发出一个 Server Reject Message（SRM）和 Server Add Message（SAM）给排名最高的待选服务器。服务器故障修理消息由发起的服务器主动清零。

投票数目不够跻身 Federated server 和 Audit server 的服务器被称为 Candidate servers。当 Audit server 数目低于 n，则由投票最高的 Candidate server 跻身为 Audit server。一个 Factom 客户端需要引导入 Factom P2P fllod fill network（洪水填充网络），在设法得知 Factom genesis block。一旦它们连接上网络，可以向周围的节点查询哪个是当前的 Factom head。通过和 flood fill peer 通信便可得知 DHT 网络上有哪些节点。

这里有一个假设，网络中大部分节点都是“诚实”的，它们不会“欺骗”新入网节点，报告错误的 head。攻击者可进行

sybil attach 并把新入网节点引导向一个假 head。如果攻击者提出了许多不同的假 head，然后每一个假 head 需要很多“不诚实”的节点去证明它。攻击者应该会倾向于用所有“不诚实”节点引导到一个假 head，而不是分散给多个假 head。然后客户端将从当前 head 往后，下载之前所有的 Directory Block header。如果 Directory Block header 最后追溯到了正确的 genesis block，那么就可以开始从 genesis block 验证网络的历史数据。如果没有追溯到正确的 genesis block，就说明这个 head 是不正确的，将其忽略。

一旦候选 Directory Block chain 被选中，客户端将向前扫描，检查每个 DB，查看其数据是否遵循网络规则。扫描结束时，客户端可以得到几个不同程度的结果。DB header 指定 identity，并被允许签署下一个块。Identity 里的比特币地址可能出现在一个 DB 的 anchor 中。

客户将检查比特币 blockchain。以查看是否有 anchor 被放置。如果 anchor 的放置时间和数据发布时间比较接近，则客户端可以确定该数据是正确的。为了降低 fork 不被大众发现的可能性，我们对下一个 anchor 放置在哪个比特币地址有所限制。如果下一个 block 包含了两个有效 anchor，那么客户端将怀疑网络出现 fork 了。

同时，如果多数节点不能形成一个共识，Factom 会停止产生新的 block。如果 Federated server 掉线了，那么 Audit server 将晋升为 Federated server。最坏的情况是大多数 Federated server 都掉线需要被替换。尽管大多数服务器掉线会让 Factom 系统停顿，但客户在扫描历史数据时不会受到太大影响。

Factom 是一个去中心化的协议。服务器想进入 Federated Server Pool 需要依靠自己的性能和社区的支持，Federated Server Pool 负责处理所有链块上的交易。

把 Factom 系统误解为中心化系统可能源于任何一分钟内都有一台 Federated Server 负责处理 Entry。不过下一分钟，处理 Entry 的权利就会移交给另一台服务器。没有一台服务器能够长时间控制某条 Chain。在 10 分钟内，就有 10 台不同的服务器轮流负责 Entry 处理。

Federated Server Pool 是由获得 Factom 系统用户投票最多的服务器组成。服务器可以安排停机时间，其不会受到惩罚。由于通信故障或算法故障导致掉线的服务器没有权利参加下一个周期的竞选。

Federated Server 的备份是 Audit server。有服务器掉出 Federated server pool，就有一台 Audit server 顶替空缺，升级为 Federated server。

Federated server pool 的大小是固定的，Federated server 的数目不应小于 16（确切数字仍未确定）。Audit server pool 大小相同，付给服务器的报酬数目是固定的。

Factom 若有 16 台服务器，获得 50%的网络控制权至少要控制 9 台服务器。况且服务器是由用户选举产生的，随时可能被投票选下去，Factom 的去中心化程度比比特币要好。此外只要有很少一部分服务器没有被挟持，Factom 系统里保存的 Entry 数据就是安全可靠的。

Factom 遵循特定的算法，只要是分叉就能被检测到。其大多数服务器都是“诚实”的，便只会有一条链是有效的。如果大多数节点跑到分叉链上了，这必然会被社区察觉。

如果客户端为某条Chain上的Entry，提交了一个Entry Reveal，负责该Chain的服务器需要为Entry发出确认信息。客户端一旦接收这个确认信息，就代表这个Entry应该会被Factom记录下来。通过收集某一台服务器发出的所有确认消息，就可以构造该服务器的整个process list。由于每个确认有一个serial hash覆盖所有以前的Entry和新Entry，这样就能得知process list的顺序和结构。

如果Fedrated Sever想修改自己的Process list，这个变动不能够影响其他Federated Server上的Process List；一旦serial hash被广播出去，添加Entry的操作必须附带上Comfirmation信息来证明这个Entry的历史。如果服务器一直等待，直到10分钟结束后还drop Entry，服务器将在第10分钟结束时无法签署Directory Block，出现这种情况没有有效的办法来协调process list上的变化。如果服务器不能给Directory Block提供有效的签名，这种服务器将从Federated server pool中除名。

一旦Merkle root已被记录到该比特币blockchain，其内容不能改变。Federated server可延缓广播End of Process List（EPL）的消息，直到其他服务器已经播出了EPL消息。此刻，拖延广播EPL的服务器就能够确定Factom系统的下一个状态。如果服务器拖延广播自己的EPL，大多数网络上的节点会在几秒钟后针对拖延服务器发送报错消息Server Fault Message（SFM）。排名最高的Audit server会被提升为Federated server。接下来的系统状态，就不在攻击者的掌控之中了。

当 Federated server 关闭了其进程列表后，发出一个 SFM。它需要再发布一个 M-hash 的更新。这将有效防御拖延 EPL 的服务器和 Audit server 串通进行攻击。这种攻击的效果会随着时间而递减。一旦服务器拖延 EPL，其他节点会有数小时和攻击服务器不在共识状态。攻击者只有冒着被清理出 Federated server pool 的代价才有可能攻击成功。如果 Federated server 多次假装只有在这个关键时刻失去连接，那么说明其正在执行这种攻击。可以呼吁用户撤回给这个服务器的投票。

第五章

区块链技术应用案例：鑫苑科技与区块链技术的应用

一、 鑫苑集团简介

鑫苑（中国）置业有限公司是中国首家登陆美国纽约交易所的房地产开发企业（股票代码：XIN），具有对接国际前沿技术及国际资本的先天优势。经过二十年的长足发展，鑫苑已经形成住宅地产、商业地产和物业管理三大核心产业，并连续十三年入选“中国房地产百强企业”，品牌价值达到50亿元，旗下管理社区覆盖中美两地，管理物业规模预计未来两年内将达到1亿平方米，服务用户可达300万人。

鑫苑科技集团是鑫苑（中国）置业有限公司面向新时代、新技术、新金融创建的专业高科技集团。鑫苑科技集团一方面全力探索最新的科技和金融前沿,另一方面承接服务于地产经济发展。目前，鑫苑科技集团下设瑞卓喜投、瑞卓喜创和爱接力三家子公司，在区块链技术、金融科技和人工智能等领域进行了卓有成效的积累，取得了令人瞩目的成绩。集团在区块链专利数、区块链行业技术评比上均处于业界翘楚。同时，鑫苑科技集团与IBM、清华五道口金融学院、飞利浦等也建立了战略合作关系。

鑫苑科技集团区块链应用目前主要由下设北京瑞卓喜投科技发展有限公司（以下简称瑞卓喜投）落地和实施。瑞卓喜投是业内领先的区块链技术输出服务商，首批通过工信部区块链标准测试的企业和国家高新技术企业，总部位于北京，在青岛、贵阳均设有分公司。作为一家集产、学、研结合的区块链创新企业，瑞卓喜投以顶尖的底层技术——区块链为基础，以IBM、五道口金融学院的专业合作为业务支撑。公司核心成员来自具有10年以上的互联网、金融和IT经验的行业精英，在数据安全、大数据、金融交易和金融建模等领域具有深入的研究和实践经验；公司拥有专门的区块链研发团队，其中硕士、博士学历研发人员占整个研发团队的30%以上，同时还聘请了由十余名区块链、分布式系统、数据库等领域顶尖专家组成的顾问团队。

目前，瑞卓喜投着力构建自主知识产权的区块链应用体系，至今已申请专利46件，在业界遥遥领先。同时，瑞卓喜投与金融监管机构、大型国企、知名银行等多家重量级单位建立合作关系。作为重要起草单位，瑞卓喜投还参与工信部区块链标准编制，并作为主要参与方之一编写了《区块链应用在金融领域的法律政策研究报告》（近20万字），填补了区块链在金融领域落地的法律政策支持的空白；瑞卓喜投还是国网区块链技术白皮书及相关行业标准编写单位，并完成了《区块链技术在中国商品交易市场的应用与发展前瞻》等研究报告。

二、鑫苑科技业务概述

鑫苑科技目前已构建了完全自主知识产权的区块链底层架构，利用Docker技术，可根据模板一键建立专属的区块链服务，通过标准API\SDK接口接入的方式快速与业务系统对接，具有轻投入、扩展性强、维护方便等优势。目前，鑫苑科技拥有三个区块链相关的业务产品，分别是房易信、区块盾和鑫链通。

（1）房易信，作为中国首个基于区块链技术的一站式金融科技信息服务平台，由瑞卓喜创开发打造，致力于推动互联网金融及地产行业的良性发展。房易信聚焦房产作为抵押物的借贷市场，连接资金、资产两端的投融资需求，将用户多样化融资需求精准匹配多层次资金，利用区块链技术去中心化、智能合约等特性，为借贷人提供全方位金融科技解决方案。

房易信模式如图 5–1 所示。

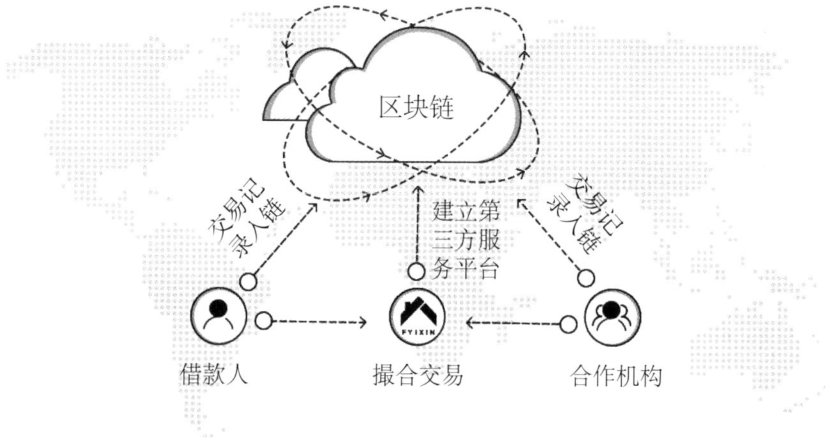

图 5–1　房易信模式

目前，房易信房抵贷业务已覆盖全国，集合各大机构的贷款产品近千款，充分发挥资金批发模式的优势，帮助有借贷需求的业主更高效地获得低成本资金。依托大数据、智能匹配、精准推荐算法，将众多产品优化、整合，实现一键匹配提高融资效率。作为专业的信息交换平台，房易信依托区块链技术便捷、高效、低成本等优势，与国内百余家优质机构搭建起成熟的合作网络，且与安居客、房多多、搜房网等流量巨头开展线上合作。得益于区块链技术去信任、系统自治、不可篡改等特性，房易信已创建了安全透明的交易环境。所有交易行为、客户信息等数据全部存储入链，突破人为干预，保障交易信息的稳定性和可靠性。依靠技术基因，房易信已拓展 PC 端、APP 端、微信端三端齐发的产品链，拓宽借贷人的申请渠道、简化贷款流程，真正实现了 1 分钟申请、最快 24 小时放款，满足各类借款人个性化的融资需求。

（2）区块盾，是依托于区块链技术的存证、取证服务平台，它以区块链技术为基础，保证信息记录真实可靠，并能永久保存，不可篡改。区块盾相关示意如图 5–2 所示。

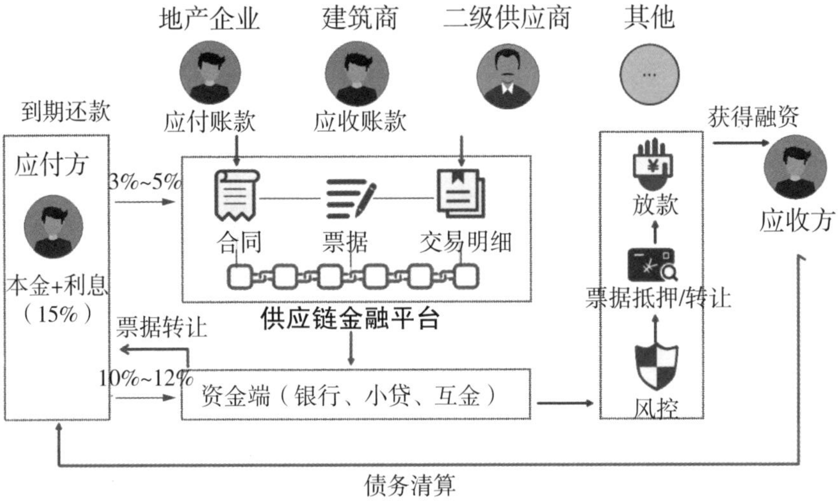

图 5–2　区块盾

区块盾的特点是在实现隐私保护的同时，向用户和公司提供基于区块链底层技术的增信机制。区块盾的数字存证优势在于：①永久保存：区块盾基于区块链技术，存证内容通过加密的方式写入区块链，并同步到所有 P2P 网络节点，保证记录永久保存；②不可篡改：基于区块链数据组织和存储形式，很好地实现了链上数据不可篡改的特性，区块链数据的稳定性和可靠性极高；③公开透明：所有加入到区块盾的平台，一旦获得授权成为区块链节点，都可以获得区块链数据，监控、检查区块盾的运行；④隐私保护：存储到区块盾的敏感信息密文存储，可有效保护用户个人的隐私和商业机密。

（3）鑫链通，基于区块链技术打造的更可信的地产供应链金融平台。区块链包含对地产供应链金融至关重要的所有必要组件：时间戳、不可逆性、可追溯性，基于这些优势，鑫链通将使地产供应链融资更简单、更高效。鑫链通的相关示意如图 5-3 所示。

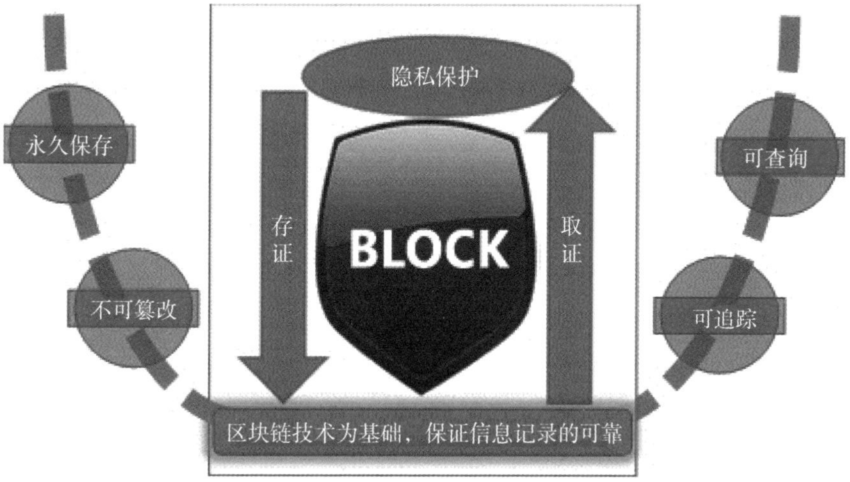

图 5-3　鑫链通

鑫链通平台，供应链上所有企业将交易行为（合同、票据、仓单等）录入区块链，多方共识确保信息真实性，其优势在于①不可篡改，通过区块链存证对资产进行确权，所有记录一经入链，无法篡改；②实时查询，供应商额度、资金流、融资发票等信息实时查询，增强整个供应链的可视性；③快速高效，客户可享受更低的授信准入门槛，体验更简化的申报及审批流程，获得更加合理的融资比例和价格；④信用可传导、可追溯，大量原本在过去无法融资的供应链上的中小企业有望和核心企业更紧密地联系在一起，并由此获得信用和融资。

三、鑫苑区块链领域业务风险

鑫苑集团（瑞卓喜投和瑞卓喜创）在区块链领域推出的三个产品，初步分析还存在以下的法律业务风险：

（1）房易信产品作为基于房地产的融资信息撮合平台，房产信息的真实有效是必须要考量的问题。如果要保证信息的准确性，可能需要维护较大的线下团队，这方面链家或我爱我家这种传统中介更具有优势，且与喜创金融科技公司的定位不匹配。因此，在持续的运营中，平台信息有效性及其相关问题均是可能出现法律风险的地方。

（2）区块盾作为一种存证取证的平台，平台上证据技术层面的有效性和现实世界法律方面的有效性也许不能直接画等号，在这些相关事宜尚未充分明确、没有直接法律支持的时候，也会对业务产生潜在的法律风险。

（3）鑫链通作为一个地产供应链金融平台，平台上将存储大量的信息，包括企业交易的合同、仓单、票据以及个人资料等，如何保障交易双方的信息真实有效，如何确保合同甲乙方征信情况真实可靠，这些问题都可能在现实运营中存在法律风险，同时平台还可能面临信息安全的道德风险及个人资料泄露的法律风险。

（4）区块链作为一种新兴的技术，在数据安全性、隐私保护、风险控制机制等技术风险层面需要逐步地摸索、总结和提高，这些问题一旦显现，也会对业务产生潜在的法律风险。

四、 对鑫苑开展区块链相关业务的建议

将区块链技术应用在具体业务中，既能加快区块链技术的推广应用，也能依靠技术力量解决现有业务中的一些问题，实现双赢。可是，区块链技术带来了不同于传统业务的特点，由于法律对其并无明确规定，处于模糊状态，在从事相关业务时必须予以事前防范。

（1）房易信

房易信作为基于房地产的融资信息撮合平台，依据其经营模式和提供服务的内容，可以界定为属于网络借贷信息中介平台，需要遵守《合同法》《物权法》和《民法通则》等法律规范，尤其需要遵守国务院出台的《互联网金融风险专项整治方案》《P2P网络借贷风险专项整治工作实施方案》和《非银行支付机构风险专项整治工作实施方案》等管理办法。在经营过程中主要会产生的法律风险为：非法设立资金池；信息审核不充分导致虚假信息存在；非法吸收公众存款；非法集资等风险。

针对房易信的意见与建议为：①不能设立资金池，要实行资金存管，在没有接入银行存管系统之前，要实行相关的手段，如第三方托管；只能作为渠道，进行信息收集、信息公布、资信评

估、信息交互、借贷撮合等服务。②对于信息的真实有效性要承担合理审查义务，对出借人与借款人的资格条件、信息的真实性、融资项目的真实性、合法性进行必要审核。③不得虚构、夸大融资项目的真实性、收益前景，隐瞒融资项目的瑕疵及风险，不得以歧义性语言或其他欺骗性手段等进行虚假片面宣传或促销等，不得捏造、散布虚假信息或不完整信息损害他人的商业信誉，误导出借人或借款人。

（2）区块盾

区块盾作为一种存证取证的平台，需要遵守《电子签名法》和《电子合同在线订立流程规范》等法律规范。在经营过程中主要产生的法律风险为：电子数据难以取证或证明力不被司法行政机关认可的风险；用户信息或隐私被泄露或被滥用的风险。

针对区块盾的意见与建议为：①使各种手段保证区块盾内数据的真实性。通过访问权限控制、信息加密、防火墙、计算机病毒的防治以及建立数据备份系统等各种技术手段保证信息真实，不被任何第三方所篡改；制定并严格执行安全管理制度，以堵塞管理方面的漏洞，提高计算机系统的安全性。②加强用户信息和隐私的保护。使用用户信息时应当遵循合法、正当、必要的原则，明示收集、使用信息的目的、方式和范围，并经被收集者同意，不得违反法律、法规的规定和双方的约定收集和使用信息；必须严格保密，不得泄露、篡改、毁损，不得出售或者非法向他人提供。在发生或者可能发生信息泄露、毁损、丢失的情况时，应当立即采取补救措施；区块盾在设计时应当注意针对用户的适时披露功能，以及在平台交易中要注意明示并要求签订免责条款，加强开发反入侵的钥匙密码功能，合法有效地保全个人的信息和隐私。

（3）鑫链通

鑫链通作为地产行业工程供应链金融投融资平台，需要遵守国家相关的法律法规及管理办法，包括《合同法》《应收账款质押登记办法》《票据管理实施办法》《中华人民共和国银行业监督管理法》等，基于区块链技术打造的这一地产供应链金融平台，在经营过程中主要会产生的法律风险有：供应链行业对外透明度低，企业交易行为有造假风险，存在空单质押或重复质押的可能；平台存储的信息有被泄露或盗用的风险。

针对鑫链通的意见与建议为：①采用多种方式保障数据信息真实有效，增强审核、风控力度，多渠道、多层次进行查验，提高造假成本，降低风险概率；②提高数据安全性，加强数据保密措施。区块链上的所有文档对所有人提供完全平等的访问权，参与方可以快速访问目标材料，并且这种访问基于高度的信任关系和对于所有的交易记录可追溯性和可验证性；分类账呈现分散式结构特点，任何一方都不可以拥有分类账的所有权，也不能为谋取私利而操控数据；区块链上的数据都带有时间戳，即使某个节点的数据被修改，也无法只手遮天，因而区块链能够提供绝对可信的环境，减少资金端的风控成本，解决银行对于信息被篡改的疑虑。

第六章
区块链应用的风险研究

技术的应用场景决定了技术的生存。区块链作为一种技术，从理论上来讲，国内外对其进行了大量的研究分析。从应用上讲，中国已经有很多与其相关的公司，有些公司甚至结合现有业务探索出了自己的应用场景，但仍有不少企业处于试探阶段。合适的应用场景需要从区块链自身的特性出发进行分析。区块链在不引入第三方中介机构的前提下，可以提供去中心化、不可篡改、安全可靠等特性保证。因此，所有直接或间接依赖于第三方担保信任机构的活动，均有可能从区块链技术中获益。

在经济运行当中，金融是交易领域中最重要的版块，区块链的引入，给金融领域提供了新的应用场景，使金融领域发生了巨大变革。

一、 区块链的技术风险

鉴于区块链技术可以大幅度降低成本，国内主流的大型银行都在积极地对其进行研究和开发。但也有专家担心地表示，区块链技术可能会减缓前台交易的速度，而且目前的安全保护技术尚不完善，这或许会迟滞技术发展的进程。而作为近年来兴起并快速发展的新技术，区块链必然会面临各种制约其发展的问题和风险。本章将从安全、效率、资源、博弈和垄断 5 方面概述区块链技术所带来的风险。

（一）安全风险

区块链系统是高度交互的，这就导致整个结构会因为某个脆弱的切入点而被危及，而且目前也没有一个可供利用的高级别的加密算法。这是一个在区块链技术被广泛应用之前亟须解决的问题。英格兰银行行长兼金融稳定委员会主席马克·卡尼曾表示，区块链受到热捧，观望者仍不在少数。价值很大，但需要解决的问题也有很多。

安全性威胁是区块链迄今为止所面临的最重要的问题。其中，基于POW（Proof of work）的共识过程的区块链主要面临的是51%攻击问题，即节点通过掌握全网超过51%的算力就有能力成功篡改和伪造区块链数据。以比特币为例，据统计来看，中国大型矿池的算力已占全网总算力的60%以上，而理论上这些矿池可以通过合作实施51%攻击，从而实现比特币的双重支付。虽然实际系统中为掌握全网51%的算力所需的成本投入，远超成功实施攻击后的收益，但51%攻击的安全性威胁却始终存在。基于POW共识过程在一定程度上解决了51%攻击问题，但同时也引入了区块分叉时的NaS（Nothing at stake）攻击问题。研究者已经提出通过构造依赖高算力和高内存的POW共识算法来部分解决51%攻击问题，但更为安全和有效的共识机制有待更加深入的研究和设计。区块链的非对称加密机制也将随着数学、密码学和计算技术的发展而变得越来越脆弱。据估计，以目前天河二号的算力来说，产生比特币SHA256哈希算法的一个哈希碰撞大约需要248年，但随着量子计算机等新计算技术的发展，未来非对称加密算法具有一定的破解可能性，这也成为区块链技术面临的潜在安全威胁。

区块链的隐私保护也存在安全性风险。区块链系统内各节点并非完全匿名，而是通过类似电子邮件的地址标识（例如比特币公钥地址）来实现数据传输。虽然地址标识并未直接与真实世界的人物身份相关联，但区块链数据却是完全公开透明的，随着各类反匿名身份甄别技术的发展，实现部分重点目标的定位和识别仍然是有可能的。

（二）效率风险

区块链效率也是制约其应用的重要因素。首先，是区块膨胀问题。区块链要求系统内每个节点都要保存一份数据备份，这对于日益增长的海量数据存储来说是极为困难的。以比特币为例，完全同步自创世区块至今的区块数据需要约 60GB 存储空间，虽然轻量级节点可部分解决此问题，但其适用于更大规模的工业级解决方案仍有待研发。其次是交易效率问题。比特币区块链目前每秒仅能处理 7 笔交易，这极大地限制了区块链在大多数金融系统高频交易场景中的应用（例如 VISA 信用卡每秒最多可处理 10000 笔交易）。最后是交易确认时间的问题。比特币区块生成时间为 10 分钟，因而交易确认时间一般为 10 分钟，这在一定程度上限制了比特币在小额交易和时间敏感交易中的应用。

（三）资源风险

POW 共识过程高度依赖区块链网络节点贡献的算力，而这些算力主要用于解决 SHA256 哈希和随机数搜索，除此之外并不产生任何实际价值。因此，一般意义上认为这些算力资源是被“浪费”掉了，同时被“浪费”掉的还有大量的电力资源。随着比特币的日益普及和专业挖矿设备的出现，比特币生态圈已经在资本和设备方面呈现出明显的“军备竞赛”态势，逐渐成为高耗能的资本密集型行业，这进一步凸显了资源消耗问题的重要性。如何能有效汇集分布式节点的网络算力来解决实际问题，是区块链技术需要重点解决的问题。研究者目前已经开始尝试解决此问题，例如 Primecoin（质数币）要求各节点在共识过程中找到素数的最长链条而非无意义的 SHA256 哈希值。未来的潜在发展趋势是设计行之有效的交互机制，汇聚和利用分布式共识节点的群体智能，用以辅助解决大规模的实际问题。

（四）博弈风险

区块链网络作为去中心化的分布式系统，各节点在交互过程中不可避免地会存在相互竞争与合作的博弈关系，这在比特币挖矿过程中尤为明显。通常来说，比特币矿池间可以通过相互合作保持各自稳定的收益。然而，矿池可以通过区块截留攻击的方式，伪装为对手矿池的矿工，享受对手矿池的收益，但不实际贡献完整工作量证明来攻击其他矿池，从而降低对手矿池的收益。如果矿池相互攻击，则双方获得的收益均少于不攻击对方的收益。而当矿池收益函数满足特定条件时，这种攻击和竞争将会造成“囚徒困境”博弈结局。如何设计合理的惩罚函数来抑制非理性竞争，使得合作成为重复性矿池博弈的稳定均衡解，尚需进一步深入研究。

此外，正如前文所提到的，区块链共识过程本质上是“众包过程”，如何设计激励相容的共识机制，使得去中心化系统中的自利节点能够自发地实施区块数据的验证和记账工作，并提高系统内非理性行为的成本，从而抑制安全性攻击和威胁，是区块链有待解决的重要科学问题。

（五）新的垄断风险

区块链技术成为金融领域一项关键的技术力量之前，一系列严峻的挑战和考验是必须要应对和克服的，而行政管理上的挑战就是其中一个。

一个分布式总账需要有一个监管机构，那么怎样避免一个新的自然垄断的出现。“用户之所以愿意把信息放在一个分布式的数据库，而不愿意放在一个封闭式的数据库，是因为他们不希望数据被任何人所占有。”迈克·玛里奈利，是一家伦敦的研发分布式总账公司的主席，他解释说，“无论这个建立者是谁，都会赚大钱。”但谁也不会相信构建如此庞大的系统会不收取高昂的费用，而这从一定程度上抵销了成本节约的优势。他举了一个法人实体识别的例子进行说明。两个代表不同公司的人，通过电话完成了一笔交易，准确地识别要进行货物交换的法人实体却很困难。银行倾向于通过开设众多的分支机构，来进行资产管控。因此，如何识别法人实体这一技术环节，已经困扰了后台部门很多年。自2008年金融危机以来，为规范结算市场的秩序并消除其错误，银行被金融稳定理事会和其他政府机构强制建立一个全球性的法人实体标识基金会，一个共享的、连接金融服务组织的法人实体数据库，作为一家公共服务机构运行，其总部设在瑞士。“监管机构不得不进行干预，因为银行都不希望有其他人获得这种自然垄断的地位。”玛里奈利则认为，分布式总账或许会面临相同的命运，即最终只有银行才能掌握并擅长使用区块链技术。其他高层人士，无论是私营组织还是公共部门，也都表示过同样的担心。伦敦证券交易集团 CEO 罗睿铎曾说道，“区块链技术的难点就在于控制它，并且决定由谁来实际去运行它。”与此同时，德国联邦金融监管局声称，虽然区块链技术具备了在金融市场建立一项新标准的条件，但如果没有一个集中式的监管机构对交易行为进行监管和规范，将可能造成一系列的问题。

二、 区块链技术对法律带来的影响

区块链作为新兴技术，改变了传统互联网一个控制中心的特点。采用分布式存储的方式，从而实现了由一中心向多中心的演进，具有高度自治的特点。区块链通过客户终端，将个体都变成互联网上的一个节点，个体通过程序融入区块链后，形成“人和机器是一体的，人跟网络是一体的，人和数据是一体的”新结构。这样的节点同时又跟互联网中的其他节点连接在一起，因为结点与结点之间具有相同的信息结构，区块链提高了交易的互通性和灵活性。同时，区块链通过共识算法等技术规则，使数据信息高度透明、不可篡改，从而保证了数据信息的真实性，解决了结点之间的信任难题，减少了网络欺诈，同时促进了个体之间通过编程完成连接、互动、交易等一系列交往。区块链中的每个结点都具有高度自治性，必须由主体为自己的产品，为自己的交易结构设计规范标准，然后才能形成一个个扩展的秩序，这个过程中会逐渐形成一些新的协议。伴随着区块链内部生成大量的技术标准、交易规范，逐渐形成一些内部的行为规范，最终形成自治的群体。

在一定程度上，区块链以编程为起点，通过技术信任的手段将碎片化的个人连接起来，从而实现了对社会组织的重构。而在这个过程中，区块链将科技、交易和法律一体化建构，大量的多方主体共同出现，在分布式的体系中发送自己的信息或者记账，然后再通过全网响应来认证，从而形成一个共识机制。在这个共识机制里面形成一种契约，每个主体的行为规则、权利义务边界也得以确立。在区块链生态内部，多方主体处于相互制约的状态，无论是国家权力机关还是经济实力强大的商业主体都会受到约束和制衡。因此，区块链可以重建一种社会公信、社会共识和社会契约，完全有可能形成一种新的机制，在社会构建和技术法律一体化过程中产生一个新的基础性结构。同时，也应该看到区块链对现有法律制度的消极影响，区块链去中心化、公开、透明的特性颠覆了人们目前的生产生活方式，从而淡化了中介机构的功能，冲击了现行法律安排。[①] 因此，区块链技术的广泛应用将对法律和信任之间的关系产生重要的影响。

信任对于法律主体具有重要的意义，可以减少其在社会交往中的不确定性，增强稳定预期。德国社会学家卢曼将信任区分为人际信任和制度信任。人际信任是指以人与人交往中建立起的以情感联系为基础，依赖人们彼此之间长期的亲密交往相互了解，通过人与人之间的交流和社会关系网络中的身份定位，来解决可信度认知问题，主要适应于传统社会，是一种特殊的信任形成机制；而后者以社会交往中所受到各种非人格性的规范准则、法纪制度的管束制约为基础。由于职业交换、人口流动的频繁度增加，

① 蒋润祥，魏长江．区块链的应用进展和价值探讨［J］．甘肃金融，2016（2）．

社会交往也越来越倾向在陌生人之间展开，人际信任下的可信度认知无从进行。非人格性的社会规范、法律制度成为解决可信度认知的主要依据。通过制度来预测人的行为，从而不依赖于人们之间的特殊关系，主要适应于现代工业社会，是一种普遍的信任机制。[①] 因此，在法制社会中，普遍信息机制的建立需要法律的作用。因为法律本质上具有与信任相同的功能，都在于确保能产生有效的社会预期效果，即行为预期和行为结果的一致性。信任与法律之间的联系，一方面体现为法律对于信任的建构作用，法律建构了一系列有关信任的法律原则，如民法的诚实信用，行政法上的信赖保护等。而更重要的是，法律通过建立一种明确的预期来维系信任的基础。另一方面体现为信任对于法律的意义。对法律的信任也是法治得以施行的基础，这种信任会使得社会主体在与法律的交往过程中以及理性主体在法律的中介之下，基于一种承认法律天生局限性的共识，仍然愿意选择法律作为调控其参与社会关系的手段。[②]

目前中国正处于转型时期，不仅仅意味着经济、政治和文化的转型，还体现为信任模式的转型，由于社会正处于整体性和结构性的变化过程中，快速转型打乱了既有的时空秩序，中国社会由传统的熟人社会开始向陌生人社会转变。乡土社会中依靠人情关系建立的特殊信任机制将不再适应现实的需要，而依靠法律制度建立的普遍信任却还未完善，不确定性也将大大增加，社会主体对他人的信任因时空错乱而逐渐出现紊乱，从而导致信任功能

① 张善根. 社会信任危机的法律治理［J］. 探索，2015（1）.
② 张立伟. 信任文化与法律秩序的构建［J］. 理论与改革，2013（4）.

的失范。由于普遍信任的缺失，导致法律主体难以将社会交往中的信任扩充到封闭组织之外，以便建立更大范围的社会交往关系，难以克服地方、行业和身份壁垒，也不利于法治社会的民主、法制和市场经济等制度的形成与发展。之所以中国的法律没有以制度为基础的普遍信任提供有效支撑，一方面是因为法律与社会处于快速的转型和变迁过程中，法律自身不断地处于废与立的变动之中，与法律需要静止、提供有效行为指引相背离；另一方面，即使是在有效的法律之中，法律在具体运行中也无法提供有效预期。更为重要的是，基层社会治理的国进民退，也因法律的疲软，而无法为社会提供信任的制度基础。[①] 而区块链技术所带有的两个属性恰恰能够弥补当下中国法律在构建制度信任中的不足，一个是技术即信任，另一个是代码即法律。

“技术即信任”指的是区块链建立信任机制的一个特点，在区块链体系里面，不需要像传统的信任机制一样通过调查对方的资信能力而获得信任或者依靠第三方中心主体来提供信用担保，才进而放心地与对方进行交易，这种信任机制需要耗费大量的时间和成本。但是，在区块链技术里，因为技术的一些特性，比如说分布式记录、不可篡改、公开透明、全密式的存储和传播，可以为每个结点上的主体提供信任数据信息的基础。这种技术处理的结果是，交易主体只要相信区块链技术的可靠性，那么就可以依据区块链里的交易信息来获取信任。简单来讲，即区块链把一种依靠复杂人际关系的信任，转化成一种对技术的信任，或节点与节点之间的信任。

① 张善根. 社会信任危机的法律治理［J］. 探索，2015（1）.

“代码即法律”指区块链技术将一些治理规范转变成一种计算机语言，从而融合到技术方案和交易平台中去，然后通过技术代码天然地或者说自发地实践一些社会规范，以确保这种社会价值的实现。区块链代码本身所具有的特点决定了基于区块链技术的应用场景的落地和使用方式。从某种程度来讲，可由区块链代码本身所具有的特点决定，比如开放源代码可以提高区块链技术的安全性与稳定性，让用户使用更加放心。在区块链治理中，代码作为一个核心工具，监管者可以通过设计相应的代码来设计不同结点之间的交往规则和数据信息的传播与存储机制，进而用以建造或构筑最符合基本价值理念的网络空间。

中国农业银行一高管说：“区块链技术从根本上改变了中心化的信用创建方式。它运用一套基于共识的数学算法，在机器之间建立信任网络，从而通过技术背书而非中心化信用机构来建立信用。而通过这种机制，参与方不必知道交易的对方是谁，更不需要借助第三方机构来进行交易背书或者担保验证，而只需要信任共同的算法就可以建立互信，通过算法为参与者创造信用、产生信任和达成共识。”区块链在一定程度上可以弥补甚至代替法律在保障制度信任中的作用。在宏观层面通过开放式的自治体系，来促进不同主体之间的接触和交往，从而加强自下而上的群体自治，通过改善社会结构，建构社会结构与法律制度一体化的社会系统，最大限度地达成社会共识。微观层面可以通过技术规则的设计，由于技术规则本身具有的稳定性和精确性，可以为不同主体的社会交往提供良好的预期和行为效果的可计算性，从而建立系统的社会信任保护机制和对不信任的惩罚机制。

第七章

区块链应用的监管研究

一、目前的立法状况

2016年10月18日，由工信部发布的《中国区块链技术和应用发展白皮书》界定了区块链技术在中国的发展途径和前景，相信在伴随落实的过程中会逐渐明晰立法。尽管如此，区块链技术的应用也并非无法可依，其依然要受到其所应用到的领域的法律规制。目前，中国法律对区块链技术的规制主要体现在信息安全领域上。

（1）“安全”是互联网发展的底线。中国现有法律法规中，《全国人大常委会关于维护互联网安全的决定》《全国人民代表大会常务委员会关于加强网络信息保护的决定》《规范互联网信息服务市场秩序若干规定》等法律都对维护互联网安全和个人信息保护有相应的规定。

（2）近年来，监管层多次明确网贷中介平台本身不得提供担保，不得建立资金池。《网络借贷信息中介机构业务活动管理暂行办法》出台后，银监会将重点明确为网贷监管体制及各相关主体责任、网贷业务和风险管理要求以及信息披露和资金第三方存管等内容。

（3）中国现有法律法规中，对互联网领域个人隐私保护的规定越来越明晰。例如，《全国人民代表大会常务委员会关于加强网络信息保护的决定》明确规定要保护与公民个人身份和隐私相关的电子信息。《电信和互联网用户个人信息保护规定》和《规范互联网信息服务市场秩序若干规定》进一步对其进行了细化，《最高人民法院关于审理利用信息网络侵害人身权益民事纠纷案件适用法律若干问题的规定》明确了侵犯个人信息的法律责任承担问题。

（4）中国日渐完善的“电子缔约安全保障”立法，注重互联网金融领域各环节的合规性。如果区块链平台中的交易出现纠纷，需要提交电子合同作为证据使用时，企业自身系统导出的电子合同容易被质疑，还需经鉴定证明合同的真实性。因此，商务部颁布《电子合同在线流程规范》鼓励采用第三方电子合同订立系统签订电子合同，并出台了《电子签名法》，本法规定了“可靠的电子签名与手写签名或者盖章具有同等的法律效力”。区块链对于现行法律规范、法律体系尤其是司法实践的变革与创新，根源于其技术架构重构出的信任机制，此种信任机制使得传统交易中的法律关系或结构得到进一步简化，其体现在最新的《民事诉讼法》中新增“电子证据”这一种类中。

（5）在中国，根据公司股权是否公开对不特定多数人发售，可以将公司分为上市公司和非上市公司两大类。上市公司的股份登记在中国证券登记结算公司；非上市股份公司的股份以股票为权利凭证，并配以股东名册来登记持股人。有限公司不存在股票这种凭证，只有股权的权利证明。除上市公司以外，《公司法》没有对非上市股份公司与有限公司的股份管理给出明确的限定，股东主要依靠公司置备的股东名册来确认其权利，虽然工商登记能起到对外公示的作用，但并不能作为最终的权利依据。《公司法》第 32 条规定：“公司应当将股东的姓名或者名称向公司登记机关登记；登记事项发生变更的，应当办理变更登记。未经登记或者变更登记的，不得对抗第三人。”综上所述，非上市公司在股权（股份）登记确权形式方面的极大自由，由其自身发行股票或者置备股东名册可作为认定股权的最终证明。原本非上市公司自行管理的“股东名册”具有流通频率低的特性，一旦与区块链技术结合，即使没有经过证券登记结算公司的登记，也因区块链具有点对点的公正性和不可篡改性，非上市公司的股份一定程度上也具有了与上市公司股份一样的流通性，区块链技术可以在公司股权登记中发挥确权的作用，这种股权流通渠道，是现有法律法规暂时无法覆盖的。民商法是以“法无禁止即可为”理念为著称的私法，基于区块链具有的不可篡改性和极高的公信力，公司完全可以自主选择区块链作为其置备股东名册载体，提高股权确权的证明力和公示效果公信力,甚至会使工商局登记变得多余。

具体来说，区块链技术运用于公司股权登记中，实质上是一个将以前提供公信力的第三方去中心化的过程，公司股权的登记及其变动的公信力不再依靠第三方提供，而是依靠全体参与者来共同维护这一套登记系统。这不仅体现了民商法中自治的精神，还具有及时性、低成本、避免单点崩溃风险等优势。未来随着区块链技术的不断完善，其将不仅适用于非上市公司股权登记，还可能会拓展到上市公司股权登记，并且取代现有中央证券结算清算系统从而更为彻底地“去中心化”。

（6）基于区块链出现的新的组织架构是分布式的自治组织，现行法中规定的组织形式并无与之契合的类型，以最为典型的公司法人与分布式自治组织的对比为例，二者之间的差别巨大。①在设立方面，前者的设立需要依法进行注册，对公司名称、地址、章程等事项进行公布；而后者经由技术代码的运行而产生，现行法尚未要求其运行之前进行审批或注册。②在独立性方面，前者的本质特征是具有独立的人格，实现了与出资人即股东的人格分离，能够独立享有权利、承担义务，另外，还需拥有一定的财产；而后者组织内部乃是契约安排或者导致侵权责任，并不形成一个独立的人格。③内部治理方面，前者受到公司法的规制，需要设置三会机关，公司决议由股东投票产生；后者除受到技术规则的限制外，相互之间的法律关系还会受到合同法和侵权法的调整。成员资格方面，公司对前者成员资格的取得和丧失、成员享有何种权力、承担何种义务等问题都有具体的规定；而后者成员资格的取得取决于其所加入的区块链类型，是否可以自由加入或者退出。④在解散方面，针对前者，公司法规定了特定的解散事由，如破产、成员低于法定人数等；因为后者不具有独立的人格，无所谓解散与否，但可能会被弃之不用。

经过以上对比可以看出，如何对这种新的自治组织进行调整，难以适用现行法中有关法人的规定，但是，这并非表明没有其他法律适用的余地，其依然要受到合同法和侵权法的调整。

（7）民事诉讼领域，《民事诉讼法》已经增加“电子证据”为新的证据类型，但因“电子证据”的易被篡改的特点，导致法院对其认定和采纳成为审判实践中的疑难问题。而区块链技术可以记录下“电子证据”形成中的每个步骤，并且具有不可篡改的特性，可以极大地缓和法院在认定“电子证据”中的困难。

2015 年下半年以来，“区块链”这个词开始成为全球各大监管机构、金融机构及商业机构，如摩根士丹利、英国政府、花旗银行等争相讨论的对象。区块链的发展对传统的金融业态会产生重要影响，以分布式记账为主的区块链技术对现有银行在支付、结算和清算系统中的作用也带来了前所未有的冲击，其在安全性、高效率和透明性方面表现出很强的生命力，区块链技术发展到一定阶段后可能会在较大程度上替代金融中介。目前国家对数字货币没有统一的定义。区块链涉及了包括金融在内的多个行业，各国监管机构在区块链技术的发展与落地中势必会发挥出重要作用。对于区块链技术，从整体上看，各国政府普遍采取积极支持的态度，认为区块链技术在降低运营成本、减少道德风险、提高透明度以及促进资本自由流动方面具有重要意义。

毋庸讳言，区块链技术仍处于发展阶段，安全性和稳定性仍有待提高，各国监管者对区块链的推广应用也采取了谨慎的态度，对区块链可能带来的风险应作整体的把握和较为全面的应对，特别是在确保数据安全和防范恶意攻击方面。同时，也会引发法律方面的新问题，区块链涉及了包括金融在内的多个行业，但是法律的适用具有地域性，而区块链交易具有超越地域性的特征，一旦出现分歧和纠纷，法律的地域适应性和国际监管之间就会出现张力。因此，各国监管机构在区块链技术的发展与落地中势必会发挥出重要作用。

二、 目前法律框架的缺陷

区块链技术属于新型技术，其导致利用该技术的业务逻辑均发生了巨大变化。当技术逻辑以及业务逻辑均发生了巨大变化的情况下，原有的互联网领域的法律法规在该领域的适用上必然会产生很多新问题，进而产生法律适用风险。法律适用风险主要体现在三个方面：①法律适用的不确定性，是指原有的法律能否适用在区块链技术领域具有不确定性。②如果不适用，会产生法律真空。这是新型技术在应用过程中必然会面临的问题。③如果适用，会产生过度监管的问题，表现在可能违反现有的法律法规上。为已有技术环境和业态量身制定的法律，适用在区块链领域时，因两种技术与应用模式的差异，就会产生此类问题。

（一）法律适用的不确定性

区块链逐渐成为工业化、信息化时代最具影响力的技术，而新技术的发展必然会影响到法律的适用。在出现新问题的时候，人们总是习惯于从已有的知识中去寻找答案。[①] 但是已有的法律体系与现今的技术发展在很多方面难以完全匹配，原有的法律条文是否适用于虚拟空间中的新技术，仍然是一个充满变数的问题。

以 2015 年 12 月国务院新修订的《互联网信息服务管理办法》为例，该管理办法第 7 条规定，从事经营性互联网信息服务的主体需要申请经营许可证；第 8 条规定，从事非经营性网络服务的主体需要进行备案管理。那么在区块链技术的法律适用中，公有链中的经营主体如何界定呢？这种对传统法律的挑战导致了法律适用的不确定性。

除此之外，从技术对法律适用的影响方面来看，区块链技术的确可以解决很多现实存在的问题，诸如区块链可以利用其不可篡改性防止“电子数据”的失真；区块链技术的分布式账本记录特点，也有利于政府的行政管理和执法部门的证据搜索。任何通过互联网实施的行为都被完整、真实地记录在区块中，都可以被

① 张昱．网络作品数字传输的法律适用问题［J］．法律适用，2000（7）．

追踪和查询，从而解决了数据保留的问题，同样在网络犯罪等刑事案件中降低其侦查成本。与此同时，区块链技术在法律适用方面也会产生与传统法律不兼容的现象。如法律可以要求传统的网络服务经营者采取屏蔽删除等手段，以保护个人的隐私权和个人的信息安全。但在区块链的环境下，由于区块链技术具有不可删除的特点，记录在区块链上的信息将会被永久性地保存，那么针对网络经营者的删除义务则成为一种事实上不可为的行为。再如，在诸如淘宝网等 C2C 平台上，为了在陌生的买卖双方建立起一定的信任机制，需要第三方机构来担任中介角色，以确保交易安全。但区块链技术的意义即是不需要第三方中介的存在也可以实现交易的安全，此时对传统法律的适用就会进入一种窘境，从而导致其难以完全适用。

新技术的发展与法律规则的不兼容导致法律适用方面的不确定性。面对新技术带来的新型法律关系以及新型社会行为模式，是否适用传统法律以及如何适用和解释传统法律条文，是摆在每一个人面前的现实问题。因此，这种法律适用的不确定性是区块链技术发展中最大的法律风险之一，同时也引发了是否进行新型立法的讨论。但无论对传统法律适用与否，都应注意其产生的新的法律问题与法律风险。

（二）法律空白

随着虚拟化、大数据、云计算、区块链等技术的快速发展，新兴技术在给人们生活提供便利的同时，很多新问题也层出不穷。中国虽然在维护互联网法治的建设方面做了大量的工作，但与迅猛发展的态势相比，仍然还有很多法律空白点。以区块链技术为例，该技术应用的很多领域仍然处于无法可依、有法不依、执法不严甚至违法不纠的状态。例如，区块链技术所发展出的智能合约是否能够被解释成为书面合同，就是一个十分值得探讨的问题。依照《合同法》第11条："书面形式的合同是指合同书、信件和数据电文（包括电报、电传、传真、电子数据交换和电子邮件）等可以有形地表现所载内容的形式。"如果智能合约不被解释为传统合同中的书面合同，那么智能合约的交易形式应当如何认定。另外，传统合同中所规定的要约与承诺是否适用于智能合约；智能合约不可撤销的特性是否违反了传统合同中的契约精神。这些新问题都将面临法律空白的风险。

从法理学的角度来看待法律空白，追本溯源，可以将这一问题追溯到20世纪哈特与德沃金针对"疑难案件是否构成法律空白"的激烈论战。哈特认为，"在规则范围和判例理论留缺的领域，法院发挥着创制规则的作用"，即他认为针对一个案件，如果没有明确的法律规则可以适用，那么这个案件就是疑难案件，表明法律有空白并需要法官制定规则。而德沃金则认为没有规则并不等于没有法律，因为还有法律原则可以适用，因此法官在解决疑难案件的时候不仅可以利用法律规则，还可以利用法律原则。[①]在这次激烈论战前的半个世纪，法官卡多佐早已对这个问题进行过深度的思考，卡多佐认为当存在明确的先例的时候，法官只需要服从，但当没有可以适用的先例时，就可能产生法律空白。在这种语境下，由于瞬息万变的社会发展和人类的有限理性，可以

① 马得华．法律空白与法官造法［J］．法律方法，2005.

说法律空白是一个不可避免的法律现象。

从法理学的语境转向经济法领域，经济法的灵活性、政策性等特征，也表明了单纯的法律条文本身不足以规范现代的经济生活。但与诸多无法避免的法律空白有所不同的是，针对区块链这类新技术而产生的法律空白，即使采用法官造法的方式，似乎也很难对此进行弥补。其最主要的原因在于，法官针对区块链等互联网专业领域缺乏足够的技术性，难以针对具体问题并结合技术特性进行全面的阐释。区块链技术的发展所带来的法律空白的风险，不仅对当代的法学家，也对当代的立法者、执法者乃至司法者都提出了更高的要求与挑战。

（三）过度管治

区块链作为一种技术创新，可以深化“互联网 +”的发展应用，尤其是在互联网金融领域进一步优化和凸显互联网的思维及其精神。区块链技术可以实现信息的可追溯以及点对点的信息交流，其重要性甚至超过了单纯的大数据的统计数据，相比于静态的大数据，不间断的数据流更有价值。① 当然，在高度重视区块链技术带来巨大变革的同时，也要审慎地对待其所附随的风险和挑战。例如，区块链技术既可以严格监管税收、限制违法犯罪活动，但同时也在一定程度上为犯罪分子提供了一种更为隐秘的犯罪手段，许多上游的犯罪分子可以通过区块链的匿名性，更方便地进行洗钱活动。因此，对区块链等新技术的发展进行监管是十分有意义的，也是十分必要的。但在监管的同时，我们需要注意到的是，

① 杨东．论金融领域的颠覆创新与监管重构［J］．人民论坛，2016（11）．

如果囿于传统的法律框架，则可能会造成对新技术发展的过度监管，与国家提倡的大众创新、万众创业的精神不完全契合。以数字货币进行金融转账为例，数字货币可以作为交换媒介，区块链技术的应用能够让跨境转账更加快捷，费用从而更低。该技术可以被用在国际汇款、银行转账、跨境货币兑换以及清算结算等领域。如果将区块链技术硬塞进现有的金融法律及规则当中，必然会对该技术的应用产生一定法律上的阻碍，从而导致过度监管。

综上所述，区块链作为一种技术创新，可以深化“互联网+”的发展应用，尤其是在互联网金融领域进一步优化和凸显互联网的思维及其精神。区块链技术可以实现信息的可追溯以及点对点的信息交流，其重要性甚至超过了单纯的大数据的统计数据，相比于静态的大数据，不间断的数据流更有价值。① 当然，在高度重视区块链技术带来巨大变革的同时，也要审慎地对待其所附随的风险和挑战。与此同时，也使得法律适用具有不确定性，在这种不确定性的基础上又面临着法律适用空白与法律过度监管等双重风险。

三、 区块链的软法监管

在现代社会中，最初从国际法中兴起的软法概念开始转向国内法领域，在社会生活的各个领域中出现和适用，呈现出不断增长和扩展的趋势。它不仅出现在法律学者的学术论文和专著中，一些社会学和政治学的研究报告中也广泛涉及。软法通过自律与他律相结合的方式来规制人们的行为，从而促使行政管理方式和

① 杨东．论金融领域的颠覆创新与监管重构［J］．人民论坛，2016（11）．

纠纷解决机制的不断创新，无论是对公民生活，还是立法、司法、行政监管都产生了重要的影响，促成了一种现代新型公共治理模式，随之也出现了“软法之治”的称谓。

（一）软法概述

一般来说，软法是相较于那些依赖国家强制力保障实施的“硬法”而言的，有关软法的定义，国内外学者引述最多的当属法国学者施耐德对软法的界定：软法是原则上没有法律约束力但有实际效力的行为规则。准确地说，软法“没有法律约束力”仅指没有实证法的约束力，并非没有任何约束力，尽管这个描述性的定义不尽如人意，却也从实效的角度指出了软法与硬法的根本区别。就此而言，软法指的是效力结构未必完整，无须依靠国家去强制保障实施，但能够产生社会实效的法律规范。

从法学的角度来看，软法是具有以下的特征规范：①软法的来源具有多元性，可以由社会团体、民间组织所制定形成，是社会生活中自发形成的“活法”；②软法不具有国家强制力，以习俗、道德或利益机制来形成约束力；③软法的形式具有多样性，不仅可以表现为法律文件，还可以是风俗习惯、团体章程等表现形式；④软法的适用是动态的，并不拘泥于特定的法律形式，可以灵活的采用调解、协商、讨论、指导、说服等方式；⑤软法更为注重特定事实的时间、地点、对象等细节，以最大限度地实现实质正义。①

相对于典型意义上的国家强制性法规，软法则作为法律的一

---

① 姜明安．软法的兴起与软法之治［J］．中国法学，2006（2）．

种基本表现形式且同样具有公共性、规范性、普适性等特征。同时，软法的规范形态各异，法律渊源不拘一格，载体形态称谓不一，且具有自身的特征，其主要表现为以下几点：①软法的来源具有多元性，可以由社会团体、民间组织所制定形成，是社会生活中自发形成的“活法”；②软法不具有国家强制力，以习俗、道德或利益机制来形成约束力；③软法的形式具有多样性，不仅可以表现为法律文件，还可以是风俗习惯、团体章程等；④软法的适用是动态的，并不拘泥于特定的法律形式，可以灵活的采用调解、协商、讨论、指导、说服等方式；⑤软法更为注重特定事实的时间、地点、对象等细节，以最大限度地实现实质正义。[①]

根据不同的语境，软法也具有不同的表现形式，从经验层面来看，有学者通过总结分类将软法分为以下几种类型：①行业协会、高等学校等社会自治组织规范其本身的组织和活动及组织成员行为的章程、规则、原则。应该说，在这些社会组织内部，存在大量的规范其组织成员的软法；②基层群众自治组织（如村委会、居民委员会）规范其本身的组织和活动及组织成员行为的章程、规则、原则，如村规民约等；③人民政协、社会团体规范其本身的组织和活动及组织成员行为的章程、规则、原则，人民政协在代行人民代表大会时制定的有外部效力的纲领、规则；④国际组织规范其本身的组织和活动及组织成员行为的章程、规则、原则，如联合国、WTO、绿色和平组织等，国际组织规范国与国之间关系以及成员国行为的规则；⑤法律、法规、规章中没有明确法律责任的条款（硬法中的软法）；⑥执政党和参政党规范本

① 姜明安．完善软法之治，推进社会公共治理创新［J］．中国法学，2010（5）．

党组织和活动及党员行为的章程、规则、原则（习惯上称为“党规”“党法”），这些章程、规则在其党内能够起到规范的作用，故亦应列入软法的范围。①

（二）软法兴起的原因

中国软法理论的提出及其研究的深入是在法治实践和治理实践的大背景下展开的。软法在现代社会各个领域的兴起和发展，不只是因为面对迅速发展变革的经济社会，以国家强制力为基础，以司法为中心，片面夸大的形式理性的“硬法”暴露出越来越多的缺点，还因为软法有着深刻的哲学背景和认识论根源。软法对法学领域内国家垄断法律资源的国家中心主义倾向和形式主义法律观做了反思，革新了法律理念，从而推动了法治和社会的发展，符合人类的认识规律。

（1）法治哲学基础的转变

社会学家韦伯认为，资本主义的法治基础是形式理性，依据形式理性制定的法律规则是大规模、统一化地实施法律的基础，为市场经济的发展提供了稳定的预期和可计算性，是依法治国原则的基础。而法律理性的出现和确立与民族国家的兴起和强化也是同步的，组织严密的国家既体现了人类理性的成就，也是保障法律实施的最佳工具，因而国家成了法律领域中理性的代言人，严格的法律制定程序成了理性的背书。其结果是国家垄断统治和行政资源，垄断制定法律和合法使用暴力的权力，并由一整套理性化的官僚系统代表国家实施对社会的日常管理。这种将法的制

① 姜明安．软法的兴起与软法之治［J］．中国法学，2006（2）．

定与实施依赖于国家强制力的做法导致了国家中心主义的理念，从而妨碍了人们对法的内涵及实施机制的全面认识，同时割裂了国家与社会。其具有以下缺点：首先，在立法方面，强调法出于国家，有意无意地把社会自我治理和自我调适边缘化；其次，在执法过程中导致两个问题，一是形式主义严重，二是过度依赖强制力，执法简单粗暴，极易激化社会矛盾；最后，在司法方面，容易导致“机械主义”和“司法中心主义”两种倾向，要么把司法过程简单化、庸俗化，要么过分地拔高司法的功能。

对此，20 世纪中后期以来，西方学界开始对现代性的弊端进行反思和批判，主要表现为两条路径：一是以利奥塔、福柯和德里达等为代表，对现代性本身进行颠覆和解构，它以各种后现代性话语揭露出现代性问题的内在根源，认为现代性过于强调总体性、普遍性、人、理性、自我等，压抑和遮蔽了差异、特殊、自然、身体和他者，现代性问题的总根源就是理性主义和主体主义的专制，因此必须对它进行彻底的颠覆和解构；① 二是以哈贝马斯为代表，致力于现代性的完善和重建，他把现代性看作是“一项未完成的规划”，主张对继续进展的现代性加以引导。他认为只有把意识哲学范式转换为交往行动理论，在“生活世界”中重建“商谈理性”，才能拯救启蒙现代性。② 而在此背景下，基于传统国家一元统治方法在实际操作中出现的一系列问题，影响着治理效率的实现和治理实践的运作，同时在治理主体的选择上开始打破国家的一元统治，走向多中心治理的模式。多中心意味着

---

① 罗豪才，周强．软法研究的多维思考［J］．中国法学，2013（5）．

② ［德］于尔根·哈贝马斯．现代性的哲学话语［J］．曹卫东，译．北京：译林出版社，2004：369-379．

在社会事务管理的过程中，存在着包括中央政府，各级地方政府，各种政府派生组织，各种私人机构以及公民个人在内的多个决策中心，通过它们的协商与合作，从而获得一种主体多元的治理体系。[①] 随着一元的国家管理开始过渡到多元主体的公共治理，政府将不再是合法权利的唯一来源，立法权由国家垄断变成由国家与公民社会共享。软法的兴起在一定程度上使得法与国家强制力脱钩，法的合法性来源扩展至国家立法形式以外的实质性内容，包括参与立法的意志是否具有广泛的代表性，立法过程中各方意志是否得到了充分表达，利益表达机制与博弈机制是否公平完善，法律的通过程序是否兼顾考虑各方意志等。同时，法的形态也逐渐丰富起来，将更多的内容和事务纳入了法的调整范围，软法以社会强制和自愿服从为特征的多样化实施机制从而保证了法的实施效果。

（2）全球一体化的影响

由于科学技术的发展，特别互联网技术的革新，使得人类已经进入全球一体化的时代，许多问题必须由多个国家乃至全世界各国的共同参与、通力合作才有可能取得成效，如全球变暖、跨国偷税、避税等问题。

但是，在国际法中，不存在一个如同国内法意义上的主权性权威，来保证法律秩序的统一和有效实施。因此，国际法的制定必须通过各个国家和地区的共同意愿来完成。然而，由于不同国家地区间的经济、政治、文化和发展水平的差异，导致问题的全球性与国家的主权性经常产生难以避免和解决的冲突。

① 高秉雄，张江涛. 公共治理：理论缘起与模式变迁［J］. 社会主义研究，2010（6）.

在经济全球化的推动下，超国家组织、机构的数量迅速增加，随着实践的推进，在世界舞台上，“出现了超越民族、语言、文化和宗教障碍的新演员，迫切需要一种新的游戏规则。这种规则将有助于人们在宽容的礼仪层面上通过协商解决紧张和冲突。在这个紧张和冲突的领域，绝不能单纯依赖特定的法律条文和各种规章”。事实上，软法的价值基础与对话空间为解决这种紧张和冲突提供了条件。[①] 而相较于得到了各个国家明示或默示认可的条约和习惯法，软法指的是各个国家之间达成的由非条约性义务组成、不具有强制执行力、不属于严格意义上的国际法协定，表现形式为国际组织的决议、国际会议的文件、国际机构确定的标准和准则等，典型的如《世界人权宣言》。软法虽然在规范层面不具有法律强制力，在事实上却发挥着指引和调整社会关系的客观效果。而在全球化的视角下，软法作为自我组织和管理的商谈交往机制，体现了人们追求自由、自治的理念，有着更广泛、更直接的社会公众参与度，其实施也是通过更公开、更透明的机制，对于法制建设具有更重要的意义。

（3）软法能够弥补硬法的不足

软法最先在国际法中兴起，其后又渗透到国内法领域，如果说国际法中广泛采纳软法是出于不得已而为之的话，那国内法的吸收借鉴则是出于对现有硬法体系弊端的认识。①硬法的调整方式是整齐划一的，而现实往往是繁复多样的，需要容忍一定的差异；②滞后性是法的本质特征，硬法具有一定的前提预设，一经颁布便已落后于现实的社会生活，而现实生活是多变不一的，新

① 王申．软法产生的社会文化根源［J］．法商研究，2006（6）．

事物的产生和发展总是需要不断的尝试和调整，甚至是挑战现有的法律规定；③硬法往往是经过国家机关制定颁布的，为了保障硬法的权威和稳定，对其进行修改则需要依据严格的程序，而很多情形下需要迅速改变现有的规定来适应现实的改变以得到最优的结果；④硬法往往外在于被规范的主体，行为主体难以将其内部化，从而导致执法成本高昂。

相对而言，软法灵活多变的特点能够在很大程度上补充硬法的弊端，还可以增强主体的参与意识。软法关注的是就某个问题达成共识，实际的约束力留待将来再做讨论。具体而言，软法可以在以下方面发挥作用：①许多没有现成解决方案的复杂问题；②预期的规范和社会现实之间存在巨大差别，需要设置最低的标准留下新事物的发展空间；③决策者之间产生激烈的争论，难以达成共识；④硬法规定遭到思想观念和意识形态的抵制；⑤减少协商障碍，降低社会成本，提升制度的整体正当性。[①]

（三）软法在金融行政监管领域的适用

自 20 世纪后期以来，日本和其他西方国家的传统行政管理手段开始由指令型向合意型转变。日本学者大桥洋一总结指出，这种转变主要体现在以下 7 个方面：①协商内在化行政行为的出现，行政机关开始注重与行政对象之间进行意见交换，以便于行政命令的贯彻。②可分性行政过程中行政行为的结合，将关联性的可分性行政行为合并简化。③实施确定规划一类复合型的行政行为呈发展和增加的趋势。④环境影响评价机制的引进，通过

① 罗豪才．通过软法的治理［J］．法学家，2006（1）．

听证会等程序，广泛引入公众参与。⑤行政机关越来越多地以备案代替许可，注重相对人承担事前提供信息的义务，仅对产生直接法律效果的行为要求申请认可程序。⑥重视私人自治，在行政管理上重视私人自律。⑦内部行政规则效力外部化，行政机关逐渐公开内部行政规则和根据内部行政规则提供服务。[①]

在中国的行政法治框架里，对行政权的规范，一般通过两种方式，一种是单行的、对所有行政机关而言均具有普适效力的法律，对这些行政机关的行政行为进行统一规范，这些单行法律目前包括立法法、行政许可法、行政处罚法、行政强制措施法以及国家赔偿法等，侧重于对行政权力的制约和规范，属于控权性法律。而另一种则是与政府部门直接对应的行业性法律，来确立行政权的实体内容和具体范围，具有直接针对性，侧重于行政权内容规范。其主要以授权为目的，其面临的是社会经济转型期。无论是社会生活和还是经济关系日益多样化、发展和改革的频率都呈现出加速的趋势，而中国法律和行政法规的立法周期长、修正频率相对较低。因此，在法律层面上，为了应对上述矛盾，这些授权性立法往往放弃了严格规则主义，而显示出框架立法的特征，即不再对行政相对人的具体行为做出规范，而将对规范行政相对人具体行为的“立法权”直接赋予行政机关，即赋予行政机关大量的“准立法权”。

具体到金融领域而言，金融创新与金融管理法规之间的紧张关系十分明显，这种行政管理理念和方法的转变在金融监管领域也得到了生动体现。发达国家的金融市场根据市场需求自发产生，

① 姜明安. 完善软法机制，推动社会公共治理创新［J］. 中国法学，2010（5）.

而中国则是截然相反，主要是在政府的主导下建构而成。从金融交易主体的设立、市场的准入、交易规则的制定都由政府一手完成，这就导致了中国金融市场既缺乏强有力的自治组织来发现、研究和反思金融市场主体的客观需求，确立公平、合理的交易规则，通过自律的方式，用以维护市场运行的基本秩序，同时也缺乏强有力的司法机构，来及时解决市场上的法律纠纷、执行、维护、修正甚至确立保险市场的基本游戏规则，由此引导市场主体调整经营行为。加上中国具有浓厚的管制传统，导致传统的金融监管模式以严格的规则监管模式为主，即金融监管机构通过各种具体的规则为监管对象设定明确的权利和义务。而在规则的框架之内，金融机构必须严格遵守规定，在规则的框架外必须谨慎为之乃至禁止从事。在此模式下，虽然为监管对象确立了可预期的行为准则，却牺牲了监管效率，无法应对快速变化的金融市场所积累或者突然引发的风险，存在着过于僵化、前瞻性不足、重形式而轻结果以及束缚金融机构创新动力的缺陷，所以在面对金融创新时，“一管就死，一放就乱”的现象也就不足为奇了。

然而，市场发展的动力往往就来源于监管套利、不断越过监管边界获取超额利润。这一现象在金融市场中更为常见，很多类型的金融创新都体现为金融机构通过各种手段，比如设立关联机构、开发衍生工具等手段，从而将业务转移至监管框架之外。因传统监管模式的僵化，面对趋于多样的金融创新和市场环境，金融监管也出现了大量的软法，其重要功能就是模糊监管的边界，将监管的影响力渗透进本来由市场主体保留自主性的那些领域里。以软法为基础的监管模式则强调以概括性的原则作为主要的监管依据，其既能够确保监管的有效性，又能够合理配置监管资源并培育监管对象的创新能力，代表了金融监管模式的发展方向。[①]因此可以说，金融监管中存在着大量的“软法”，是一种国际趋势，是金融监管机构为了实现对金融机构的审慎性监管而进行的监管创新。同时，为了应对金融市场一体化、金融风险在国家之间转移和扩散的趋势，建立全球性统一监管框架将成为大势所趋。[②]

同样，区块链作为一项新技术，具有许多革新性的因素。区块链的推广和应用也将会给许多行业带来变革，如果将现有法律严格适用于区块链应用场景中，可能会带来不适结果，阻碍创新，同时也会增加整个社会的成本。另外，区块链里边包含大量的技术标准、技术规范的生成过程，平台自身依靠这些编制的协议、文本来工作。从企业内部视角来看，在这个过程中可以逐渐建立起内部规范，必须由每一个主体为自己的产品，为自己企业的交易结构设计规范标准，然后才能形成一个扩展的秩序，使每个人在结点之间的权利和义务都将被 PR 协议固化。从整个新规范的生成来说，它也是一个软法的起点，区块链领域正是通过这样的演进，并且形成一些新的契约、公约，在形成足够多的共识之后，就可能形成一个行业的标准，最终成为法律监管的规则。因此，在区块链发展初期，通过软法监管的方式给予它足够的发展空间，通过长期的观察和风险防控允许其自生出一些管理规则，待其成熟后再据以提出相对稳定的监管规则，则不失为明智的选择。

---

① 刘轶. 金融监管模式的新发展及其启示——从规则到原则［J］. 法商研究，2009（2）.

② 董炯. 保险监管中的软法之治［J］. 公法的基础理论和范式学术研讨会论文集，2013.

第八章
区块链监管的国际经验借鉴

区块链作为一种新兴技术，采用了去中心化的技术设置，颠覆了传统互联网的许多特点，而且在诸多领域具有广泛的应用前景，可能据此来解决现实中的许多问题，所以引起了世界各国的密切关注。然而，技术具有中立性，带来便利的同时也可能带来许多新的问题，各国普遍意识到如果法律动辄便予以规制，极有可能成为妨碍区块链技术发展应用的绊脚石。各国及组织对区块链均持开放态度，表示要在保证市场信心和交易安全的前提下，对区块链技术在相关领域的应用采取宽容的态度，着力推进区块链技术在金融领域的运用，致力于培育新的交易模式，并审慎地予以监管。

（1）美国：美国众议院通过了一项非约束性决议，呼吁对金融工具和电商平台采纳“全国消费者技术应用促进政策”，以促进经济增长和保障消费者权利。虽然该决议是非约束性的，但其代表了国会关于区块链和加密货币讨论进程的一大进步。美国也将对数字货币和区块链技术采取更多立法程序。

美国联邦储备委员会（FRB）理事 Lael Brainard 发表了有关分布式账本技术的演讲，其演讲中指出这项技术可能是近年来支付、清算和结算领域最重要的进展。同时，他还进一步指出 FRB 将进一步加强和一系列金融机构、其他利益相关者的合作，以增强其对新技术的理解，并且会专门关注其对支付系统的责任以及对金融市场中间商的监督。

（2）欧盟：欧盟议会举办了一场史无前例的关于数字货币及区块链技术的非商业性质的圆桌会议，其目的就是让欧盟议会成员了解区块链技术，同时把制定未来区块链技术规章制度提上日程。参与的成员代表来自欧盟委员会、世界结算银行、世界银行、联合国、欧洲刑警组织、欧洲证券及市场管理局（ESMA）、英国财政部、英格兰银行、纳斯达克（全国证券交易商自动报价系统协会）和 Blockchain 及 Epiphyte 初创公司。欧洲数字货币和区块链技术论坛为此次活动提供了便利，并且该论坛是数字货币及分布式账本技术的公共政策平台，对区块链领域做出了压倒性支持。并且会议也从法律角度讨论了共享账本的确切管理方案。目前对不同类型的账本提供了许多治理方案，如公共法律、私法、规则管理或可编程的系统。这些治理方案第一次通过这种形式展现，其相关法律也会相应完善。例如，股票债券所有权以及在账本上转移资产都需要在后续的法案中得到法律上的承认。

与此同时，欧盟准备建立一个专注于数字货币的工作小组，以及研究技术、用途和风险的工作小组，此举可以开发针对政府的应用程序，从而降低成本、提高效率和提高监管的能力。

一、国际监管与政策环境案例分析

（一）美国：美国国会决议支持区块链发展，促经济增长

美国政府机构：加快布局区块链技术

从 2016 年 6 月开始，国土安全局已经对六家区块链技术公司提供了政府补贴。越来越多的美国政府机构对区块链的应用表示极大兴趣，2016 年 4 月，美国国防部先进项目研究局宣布，正在寻找基于区块链技术实现使用“分布式账本”的“安全信息

系统”，其目的用于传播加密信息，同时军事联盟 NATO 和英国政府也在开发相关应用。

美联储：区块链表现出了很强的生命力

2016 年 12 月美联储发布了《支付、清算与结算中的分布式分类账技术（DLT）》报告，其中详细介绍了对区块链技术所带来的影响和机遇，以及相关法律风险和监管考量的看法。美联储认为区块链在安全性、高效性和透明性方面表现出了很强的生命力，在跨境支付方面，有利于降低交易成本、防范风险和提高透明度；在证券清算和结算方面，能够保证资产交易的唯一性和有效性。

特拉华州：区块链技术简化企业注册成本

特拉华州因其宽松的企业管理环境和法律体系被誉为是“企业注册圣地”。目前，在特拉华州注册的企业超过了 100 万所，其中包括美国过半数的上市企业。特拉华州州长表示，区块链技术用于企业注册及股权管理等领域具有很大的潜力。目前特拉华州正在探索如何将区块链技术与法律体系相结合，并尝试将档案管理记录转移到分布式账本体系中，从而简化公司股权管理和股东权益事项管理。

夏威夷州：有独特机会探索使用区块链技术

在夏威夷州，立法机构通过了“1481 号议案”，并重新分类了加密货币。该法案考虑了比特币和区块链技术可以帮助当地经济发展的方式，认为“数字货币对夏威夷有重要的利益影响”。因为夏威夷州是著名的旅游胜地，且游客很多来自亚洲，而且使用比特币进行商品和服务的支付的游客数量正在逐渐增多，这使夏威夷州有独特的机会探索使用区块链技术，并推动当地旅游经济的发展。

美国佛蒙特州：区块链技术将被写入州立法

目前区块链技术和法律的交集仅限于相关政策研究和区块链记录存储功能在法律领域的应用，所以佛蒙特州将区块链记录用于法院证据的法案是全球首个直接将区块链应用于法律领域的案例。而目前该法案已经通过了佛蒙特州参众两院的审议，待州长签署后即可生效，相关法律研究确定了区块链记录成立和不成立的条件。该法案归属佛蒙特州参众两院通过的经济发展法案范畴，拟定区块链技术验证过的事实或记录可以被认定为真实有效，简而言之，比特币或区块链等公证过的文件将被法院所采纳。这项法案有效地将区块链数据和现有的州法律结合在一起，从而共同处理法庭上各类证据。

（二）英国：区块链技术列入国家战略部署并制订实施规划

英国政府：区块链及分布式账本技术有着颠覆性潜力

2016 年 1 月 19 日，英国发布了《分布式账本技术：超越区块链》的政府报告。其报告中指出，英国联邦政府和政府首席科学家将会投资区块链技术，用以分析区块链应用于传统金融行业的潜力。英国财政部其实早在 2015 年也出版了一份宣布监管数字货币计划的报告，这份报告对于数字货币态度非常积极，并评估了相关的风险。英国内政部督促政府考虑创建自有数字货币，期望该货币能够消除匿名性并实现可追踪的出价交易，用以减少犯罪。

英国政府经济兼财政部前经济司司长，即现任国防采购部部长哈里特·鲍德温（Harriett Baldwin），于2015年10月在伦敦进行《关于政府技术驱动》的演讲中，阐述了数字货币和区块链技术的优势，并提到英国政府正在建立及完善用以创造正确的数字货币商务制度法规，并吸引跨境投资企业来到英国。鲍德温也提到了政府在2015年3月曾承诺的1000万英镑注入计划中，用以研究应对数字货币及其相关技术的机遇与挑战，是作为政府为支持创新Fintech而资助的一部分。根据鲍德温的说法，其潜在的分布式账簿的优势包括：具有促进数字资产所有权快速、有效和安全地传输的潜力，能够帮助保证数字文档的安全性和有效性，其中包括债券、股票和其他互联网金融工具的应用，同时也包括数字签名与时间戳性质数字资产的功能特点。

区块链技术能够为多种形式的服务提供新型的信任机制。英国首席科学顾问认为，分布式账本技术能够为英国的金融市场、供应链、福利管理、土地所有权登记乃至英国国民健康保健制度等领域带来极大的好处。

英国就业和养老金部门：实测基于区块链技术的福利发放系统

如今，英国已经在税收、数字货币、支付领域等广泛展开了区块链技术测试，英国央行副行长表示希望区块链能重塑英国支付系统。

2016年7月初，英国福利改革国务大臣David Freud在支付应用大会上首次透露，其就业和养老金部门将成为英国首个机构开始测试基于区块链进行支付的项目。该系统包含了手机应用和区块链系统，为相关政府部门提供管理福利支付的假设系统，可以记录福利领取者的收支情况，同时该系统也包含对安全问题的解决办法。而根据搜集的监管数据显示，Freud 认为该项目的成败取决于它对福利领取者的影响。其中参与方还包括英国巴克莱银行、德国能源公司 RWE 英国分公司、互联网金融初创企业 GovCoin、伦敦大学学院。

（三）俄罗斯：看到区块链未来发展，逐步放宽政策监管

俄罗斯政府：将利用区块链技术改善国家支付系统

2017 年 1 月初，俄罗斯联邦议会、财政部和联邦金融监督局就金融创新协会（Association of Financial Innovation，AFI）起草的一项关于国家支付系统监管改进的提案进行了审查。而提案中的一条主要条款是利用区块链技术创建一个透明的、不可篡改的客户认证系统。由此看来，俄罗斯政府正在计划使用区块链技术验证国家支付系统中的客户身份。届时，俄罗斯政府将能在这一系统上可以实时验证客户的身份和信息，而一直存在的数据库中关键金融数据和个人数据遭受恶意操纵的问题也能得到解决。与此同时，政府也考虑了实行和采用过程中可能会出现的困难。

俄罗斯央行：研究区块链在金融领域的潜在应用

俄罗斯央行发布的一项研究计划表示将对区块链技术在金融领域的应用进行研究，这与其对比特币的态度有着较大的差距。目前，俄罗斯央行发布的信息显示已成立了一个专门研究前沿科

技与金融市场创新技术的工作小组，对分布式账本、区块链技术及多种金融科技领域的新成果展开调查和研究。

俄罗斯中央证券托管机构（CSD）：测试区块链技术相关应用

2016 年 4 月，俄罗斯唯一的中央证券托管机构（CSD）国际结算托管机构（NSD）宣布已经测试了区块链投票系统。而俄罗斯发行机构已经开始使用电子技术来进行远程投票，使投票过程变得更加透明。

2016 年 11 月，俄罗斯联邦中央证券存管机构和俄罗斯国立高等经济学院联合进行互联网金融项目，其中包括俄罗斯中央证券存管机构与 10 家互联网金融初创企业合作的区块链资产交易和转移测试。直至目前为止，NSD 已经推出覆盖范围很广的多个区 块链解决方案，也具有很强的适应性。

（四）欧盟：初步探索区块链技术

欧洲证券及市场管理局：区块链技术可改进交易后流程

欧洲证券及市场管理局认为，区块链可在结算、所有权记录、证券相关服务及抵押品管理等领域带来成本及效率上的改善。而针对区块链技术的应用可能带来的风险问题，ESMA 则认为需要关注其安全性。此外，该机构还意识到分布式账本技术与现有的中心化系统，如交易平台，在一段相当长的时期内可能是会共存的，因此也特别关注区块链技术与现有的各种关键金融系统之间的相互操作性。

欧洲中央银行：联合日本中央银行合作研究区块链技术

欧洲央行总局市场基础设施和支付部门计划与日本央行支付

结算部门展开合作。此次合作目的是研究分布式账本技术在市场基础设施中的应用。因为欧洲央行在研究和理解区块链技术上关注点在于不同行业的多样区块链研发，所以欧洲央行正在考虑开发大量多样化的分布式账本。

（五）新加坡：正全力推动区块链在金融科技领域的发展

新加坡政府：银行应持续关注技术变革

现代行业正在面临着全新的挑战，而不断进化的技术所推动的新型商业模式将会对银行业原有的商业模式带来冲击，区块链技术就是其中的一个例子。区块链技术能够应用于全额结算、金融交易记录确认等领域，具有很大的应用潜力，因此新加坡的银行及监管机构对这项技术展开深入的研究，用以巩固新加坡的金融重镇地位。目前，新加坡金融管理局宣布成立了金融科技和创新组，并针对与区块链及其他金融科技相关的企业推出了“沙盒”试验机制，只要预先在这个体系中进行登记，企业就能在金融、科技、创新等事项上获得极大的自由度。新加坡是截至目前亚洲范围内对区块链技术态度最为积极的国家之一。

政银合作：联合开发首个发票金融的区块链应用

区块链技术在新加坡的新应用是由资讯通讯发展局联合新加坡星展银行和渣打银行共同开发的。此次开发的发票金融应用属于区块链技术在票据业务的范畴，新加坡在类似于区块链互联网金融新兴技术方面非常重视，新加坡总理李显龙曾公开督促国有银行必须研究和跟上区块链技术。

区块链技术用于发票金融贸易，将使业务流程变得更加安全和简单。而发票金融服务是指企业从银行和其他金融机构将客户开具的发票作为抵押来借出资金的业务。区块链技术能够让银行把发票数字化，并且作为数字资产上传到去中心化账本上。而去中心化账本将会作为通用数据存储库，让所有参与的银行能够进行访问，并且随时可以检查金融相关应用的发票状态。这样做除了可以降低金融风险之外，还减少了支付所需要的处理时间。

（六）澳大利亚：支持区块链技术，放松对金融公司政策

澳大利亚政府：同意取消对比特币等数字货币双重税

政府同意取消对比特币等数字货币的双重税收，并同意国家应该向国内引进数字货币，同时制定相关监管法律。目前，澳大利亚政府一直密切关注区块链技术在国内的发展动向，谨防出现法律监管漏洞。此前澳大利亚政府致力于培养互联网金融的创新精神，从而创造一个国际化的竞争环境，有助于实现国内经济转型。

澳大利亚储备银行：致力于培育金融创新举动

澳大利亚储备银行致力于培育金融创新，对于区块链技术的应用目前并没有打算实施特别的监管程序。只是强调做好应对区块链技术带来的系统性风险，如程序化交易风险和缺乏清晰的法律界定。

澳大利亚国家运输委员会：区块链技术将改变现有运输模式

澳大利亚国家运输委员会（NTC）发布的陆地运输监管 2040 报告认为区块链技术能够改变现有的运输模式。报告中提到区块

链技术能够帮助实现一个更加公平、透明、可持续的运输收费和融资模式，需在运输体系内以及运输服务供应商之间创建和维护一个可信、互操作和安全的数据通信。

澳大利亚证券投资委员会：区块链将重塑证券监管模式

澳洲证券交易所已经投资区块链初创公司数字资产控股（DAH）超过千万美元，并且正在寻求基于区块链的证券交易解决方案，同时也希望全面升级自己的证券交易系统。而从ASIC的态度来看，他们对于区块链技术持有相当开明的态度，也许能极大的加快区块链技术在澳洲证券交易系统领域和监管领域的发展，同时区块链技术将在政府市场活动监管中产生深远影响。

澳大利亚邮政：将区块链用于身份验证流程

澳大利亚邮政已在开发身份验证领域应用了区块链技术，并把区块链研究细分为身份认证、注册和电子投票三个方向。区块链用于身份领域有助于个人身份验证程序的数字化，实现无纸化操作，形成身份交易的审计记录。澳大利亚邮政已用身份验证机制审核了所有个人身份，而且审核结果可被沿用，无须溯源或者存储个人信息，同时区块链能成为可随意检索的中央接入站，无需向审核机构泄露个人信息，系统的安全系数更高，只有得到允许的人才能访问数据，减少数据滥用的情况发生，同时可以简化验证流程，使个人对自己的信息有更好的控制权。

（七）日本：政府推进区块链，影响范围越来越广泛

日本贸易部：政府应该推进区块链使用案例

日本经济贸易产业省（METI）联合野村总和研究所（NRI）

共同研究出一份有关区块链应用案例的报告，用以建立政府验证区块链应用案例的有效性，而这些应用案例对政府来说是有开发价值的，政府可以广泛宣传区块链带来的好处及其带来的挑战，可以有效地促进相关市场的开发工作。

日本央行：区块链技术可能改变金融服务模式

2016年日本央行互联网金融技术的互联网金融中心成立会议上，日本央行行长提出，“金融服务的模式会随着区块链和分布式账本技术的发展而演变，人工智能和区块链技术进步可以改变金融服务的面貌，作为基本信息架构的账本技术支撑着金融服务的发展，因此记账方式的巨大转变有显著改变金融服务架构的潜力”。如今，日本央行已逐步开展将互联网金融和区块链技术应用于日本银行系统，并将实现区块链汇款测试速度达到1500笔每秒。

（八）韩国：发力区块链技术，加大政府投资

韩国金融服务委员会：将全面发起区块链金融服务试点

韩国金融服务委员会宣布2017年将发起区块链金融服务试点，此次区块链将作为重要金融服务平台的核心基础设施。韩国21家金融投资公司和5家区块链技术公司组成韩国第一个区块链联盟，并签署谅解备忘录，为韩国金融市场开发分布式账本解决方案。该工作组属于韩国政府的互联网金融发展战略，政府投入30000亿韩元（26.5亿美元），用以支持该领域初创企业和公司，同时政府加大技术发展项目投入，与东亚国家如新加坡、中国等争夺区块链开发和应用的主导权。

韩国央行：考虑区块链技术应用于央行系统

韩国中央银行于2016年底公布的未来发展计划纲要中，一同发表了一篇题为“分布式账本技术的现状及主要问题”的报告，其中详述了一些银行认为或将阻碍区块链发展的政策问题，并给出了几点解决方案。其中就重点谈论了创建“超级节点”或中央管理人监管隐私，以及保护区块链上的记录的方案。而在另一篇韩国央行和多家信息技术公司、学者和金融专家合作发表的区块链或分布式账本技术的研究报告中，其建议将区块链技术应用到BoK wire+（韩国央行结算系统）大型结算服务中，将有助于大大降低银行的成本，并使用超级节点（中央管理人）对区块链技术进行监督，使这些超级节点同时还负责代币的发行和参与者（或代币使用者）访问共享账本的授权责任。

（九）以色列：以色列银行就区块链达成共识的重要性

以色列俨然已经成为区块链技术的中心，相关领域的创业环境也最为活跃。然而以色列同样具备世界区块链研发的痛点，就像十多年前互联网技术在以色列的发展轨迹，因为政府的认识和认可而获得迅猛发展。可是区块链技术的特性就注定其发展道路并不那么平坦。因此要顺利发挥区块链的潜力，首先应以核心应用领域——金融业为突破点，高度共识和合作才是出路。

其中代表性公司包括去中心化通讯平台Synereo、支持用信用卡进行比特币交易的Simplex、彩色币平台Colu。

以色列不仅仅是早期初创企业的天堂。其规模和市场份额不及欧美同行的以色列大型金融机构也早就开始关注这些初创企业开发的各种应用。花旗、Bank Hapoalim、Leumi 等银行纷纷发起加速器项目，为早期项目提供专业的基础设施。提供与银行体系互动合作需要的资金、技术和机遇。这个组合也将具备极大的价值，因为这些企业家面临的最大障碍之一就是开发产品和解决方案，并且还要符合保守的严格监管环境的需求，比如银行体系所在的复杂环境。

此外很多投资者也闻风而动，推动风险资本的增长和该领域的热潮。最近有律师和财会也开始进入该领域，与客户一起探索和解决区块链面临的挑战。目前以色列的区块链技术似乎正处于十几年前以色列的互联网发展轨迹。初创企业的弱小群体逐渐发展成为上百家强大的企业，成为全球的创新技术和多层服务供应商。当然它们只是相似，却并不相同。然而现在的区块链产业并没有像互联网那样，获得监管者的支持。

大约 20 年前，以色列监管者开始意识到互联网的前沿性，同时国家基础设施和安全设施受到攻击，推动了监管者的支持力度。以色列国防工业的理想领袖共同探讨如何调动全国力量，共同提高以色列未来的抗风险能力。最终为了促进产业发展，政府采取了综合措施，同时强调人才培养、技术投资、机构搭建、资金分配、监管支持。其共同推动了以色列互联网安全的发展，时至今日该举措的利益仍然显著。

然而这个轨迹可能并不适合区块链技术。全世界的监管者对虚拟货币仍心存疑虑，因为该领域备受罪犯的青睐，而且银行和政 府机构不希望被排除在货币体系之外。例如，丝绸之路

（SilkRoad）、日本交易所 Mt Gox 和最近的香港比特币交易所 Bitfinex 事件都 没能逃脱同样的命运。

除了对犯罪活动和消费者权益的深切担忧，监管者更加不希望存在几个世纪的政府监管模式被去中心化形式所替代。以色列政府同样也在犹豫，毕竟区块链的影响和未来趋势如今都还不明朗。

然而监管者已经提供了最基础的支持，包括监管机制和有利的法律框架。这些都将促进消费者的理解和对该技术的信心，逐渐将区块链技术从边缘地带推向主流趋势。金融体系应具备与监管者进行有效沟通的能力和知识，同时也最需要通过区块链技术来缩减成本。一旦成功，区块链将成为一种制度，并且将尖端科技与传统基础设施整合成全新的高端体系。

二、国际区块链监管经验的借鉴

目前，世界各国及地区都在加强区块链技术的应用，掀起了区块链研究的一股热潮。区块链作为一个开放式的公共账簿，已经逐渐成为金融科技的底层技术，应用场景也扩展到支付领域、征信领域、交易场所等各个领域。在区块链被广泛关注的情境下，它的应用、研究、开发和实践也必须在规范化的轨道上进行。其中有学者提出，“区块链的实质不是不受监督，而是应该让社会共同监管、共同治理，即社会的共治，以代替某一个机构核发证书，不是由某一个机构去证明你是谁，而是社会共同认证你是谁。”①

从国际上各个国家及地区对区块链的监管态度来看，主流仍然

① 霍学文. 区块链的开发应走在规范化轨道上［J］. 清华金融评论，2016（10）.

是对区块链技术的发展给予鼓励与引导，同时在鼓励创新的大背景下对可能暴露的法律风险进行监管。总体来看，可以概括为以下三种模式：

第一，是以发展科技创新为主要目标的“创新中心”模式，即协助机构理解金融监管的框架，识别创新活动中的监管、政策和法律事项。[①] 这种模式不涉及真实或虚拟测试，对待区块链等技术的发展持相对宽容的态度。以英国为例，英国财政部在 2015 年 3 月要求英国的数字货币交易所和其他受监管的金融中介机构一样，实施反洗钱标准。[②] 但这一标准却并不具有普遍适用，也不去强制要求其满足所有条件。这种较为宽松的监管模式是“创新中心”的一个重要表现。正如 2016 年 1 月英国政府在发布的《分布式总账技术：超越区块链》报告中所指出的，“任何新技术都会带来挑战，重要的是处理好领导、协作和治理之间的关系”。[③]

第二，是政府部门或监管部门与业界建立合作机制的“创新加速”模式，通过政府的政策或资金倾斜，从而加快区块链等金融科技创新的发展和运用。[④] 例如，2016 年 6 月的“亚洲区块链孵化器”是中国第一个区块链孵化器，而这种模式多为政府所采用，就是在国家提供支持的基础上，进一步搭建创新平台。

第三，是“监管沙盒”模式，这种模式在诸多国家适用的过程中可能依据市场经济环境的不同而展现出不同的特性。但其共

① 廖岷. 区块链是金融科技监管最突出的挑战［J］. 众筹金融研究院，2016（10）.

② 龚鸣. 区块链社会——解码区块链全球应用与投资案例［M］. 北京：中信出版集团，2016:321.

③ 龚鸣. 英国对区块链技术的态度［J］. 金融博览，2016（3）.

④ 廖岷. 区块链是金融科技监管最突出的挑战［J］. 众筹金融研究院，2016（10）.

同特点是：任何机构都可以申请进入“监管沙盒”，金融公司也因此被纳入监管的大格局之中；监管部门都需要对申请者提交的创新产品或服务进行个性化的建议或指导；同时“沙盒”监管要注重保护消费者的合法权益。而这三个共同点奠定了“监管沙盒”这种监管模式的优越性和可操作性。

第九章

关于完善我国区块链应用的监管思考

中国政府部门高度重视区块链技术的发展，并不断积极推动区块链技术和产业发展。2016 年 2 月，中国人民银行行长周小川在谈到数字货币相关问题时提及，区块链技术是一项可选的技术，并提到人民银行部署了重要力量研究探讨区块链应用技术。周小川认为，目前区块链存在占用资源过多的问题，不管是计算资源还是存储资源，都应对不了现在的交易规模。2016 年 9 月 9 日，中国人民银行副行长范一飞在 2015 年度银行科技发展奖评审领导小组会议中提出，各机构应主动探索系统架构转型，积极研究建立灵活、可延展性强、安全可控的分布式系统架构。同时，应加强对区块链等新兴技术的持续关注，不断创新服务和产品，用以提升普惠金融水平。

为推动区块链技术和产业发展，信息化和软件服务业司指导中国电子技术标准化研究院，联合蚂蚁金融云、万向控股、微众银行、乐视、万达网络、平安科技等骨干企业，共同开展区块链技术和应用发展趋势的专题研究，编撰形成了《中国区块链技术和应用发展白皮书（2016）》。其总结了区块链发展的现状和趋势，分析了核心关键技术及典型应用场景，并且提出了中国区块链技术发展路线图和标准化路线图等相关建议。中国互联网金融协会也成立了区块链研究工作组，深入研究区块链技术在金融领域的应用及影响。万向控股、乐视金融等发起成立的分布式总账基础协议联盟（Chinaledger），微众银行、平安银行、招银网络、恒生电子等共同发起成立的金融区块链合作联盟（金联盟）。

区块链的治理规则总体由区块链参与者设定的规则组成，除了技术层面的治理规则，如软件、协议、程序、算法、配套设施等技术要素，而技术外部的、监管法规层面的治理规则也十分重要，监管规则主要由法规框架、条文、行业政策等组成。同时兼顾两者，才更有利于保护参与者乃至全社会的广泛利益，以及推进在区块链技术之上的商业应用场景的落地，最终构建由监管机构、商业机构、消费者等共同参与的完整商业体系。

基于区块链去中心化、去信任化、保护隐私、可追溯性等特点，区块链技术将来在金融领域具有较大的应用前景，国内外相关机构也都给予了高度关注和良好预期。监管的目的是防范风险，维持秩序。为防止区块链的应用给其所涉及的包括金融在内的多个行业带来秩序上的冲击和危害，势必需要各国监管机构在区块链技术的发展与落地中发挥重要作用。

一、中国区块链监管的现状

中国对区块链相关的技术应用的监管可以追溯到 2013 年比特币首次进入中国市场时，比特币交易的合法性也开始被大家热议。随着移动互联网、云计算等技术的发展，国家各部委相继出台报告指出，“比特币是一种特定的虚拟商品，不具有与货币同等的法律地位，不能且不应该作为货币在市场上流通使用，普通民众在自担风险的前提下拥有参与的自由，各金融机构和支付机构不得以比特币为产品或服务定价。”[①] 尽管如此，比特币的出现还是让人们逐渐认识到它的底层协议，即区块链技术。学术界和实务界议论的焦点也逐渐从比特币转向数字货币。数字货币与比特币不同，并且也不等同于虚拟货币，它是伴随着技术进步、

① 何建湘，蔡骏杰，冷元红．争议比特币［M］．北京：中信出版社，2014：97.

经济活动而发展变化的。数字货币不局限于虚拟的网络空间，可以被用于真实的商品和服务交易，是电子货币形式的一种替代货币。因此，它的发行和运行框架、面临的法律风险、监管制度的构建以及对传统经济金融体系的影响都需要进行深入研究。

在数字货币兴起的中国市场中，对区块链的监管仍然处于初级阶段。2015 年 7 月 18 日，经党中央、国务院同意，由中国人民银行同银监会、证监会、保监会等国家有关部委组织建立了中国互联网金融协会（NIFA），该协会是一个国家级互联网金融行业自律组织。2016 年 1 月，中国人民银行在北京召开数字货币研讨会，梳理了国内发展情况，并积极探索国际监管经验。2016 年 6 月 15 日，中国互联网金融协会决定正式成立区块链研究工作组，主要负责深入研究区块链技术在金融领域的应用及影响。[①] 该工作组将密切关注创新带来的金融风险和监管问题，对区块链在金融领域应用的风险管理等监管问题进行研究。

二、加强对区块链技术的跟踪和研究

目前，区块链技术仍处于实验室论证的初级阶段，尚有许多技术问题需要解决，其在金融领域的应用程度不够深入，未来还需要更多的实践。金融行业有其自身的发展规律，即使区块链技术相对于当下的业务模式有着种种优势，也必须受到金融业自身规律的限制，所以区块链难以快速改造金融业。同时，各金融机构还要进一步强化协调与合作，着力避免各自闭门造车，并尽快

---

① 龚鸣. 区块链社会——解码区块链全球应用与投资案例［M］. 北京：中信出版集团，2016：333.

推出金融行业的区块链标准。

具体工作可以分为以下方面：①加快组建专门的研究力量，并与国内外区块链技术研究公司开展合作交流，动态评估技术应用的成熟度，并及时分析其可能给金融业造成的影响；②支持民间区块链研究机构的发展，鼓励民间区块链技术企业开展区块链模拟实验，建立区块链应用技术项目投资基金，用以探索区块链领域的政府购买服务模式；③积极参与区块链国际标准和规则制定，并且鼓励国内商业银行和金融交易所开展区块链技术合作，共同研究制定区块链的行业标准，探索应用场景，争取在未来的区块链国际应用合作中拥有更大的话语权。

三、中国语境下的监管模式初探

中国作为金融大国，应该抓住区块链技术带来的机遇，及早地制定战略，主动参与区块链的技术布局，在行业重塑与颠覆环境中占据有利位置。同时技术具有中立性，区块链的技术应用并无现成的模式，在解决现有问题的同时，也可能对现行的金融交易带来较大的挑战。在中国推行普惠金融的大背景下，更要注重平衡新技术的发展与监管之间的关系。在未来监管体系发展中，必须和新的技术结合起来，使普惠金融实现更加彻底。监管思路也必须打破传统思维，必须以消费者保护为核心，保持动态监管体制。[①] 同时，也应理性对待，加强风险防范，保障金融业的安全和效率提升。通过对国外模式的借鉴与对中国国情的分析，中国对区块链技术的监管可以参考“沙盒监管”的模式，同时要坚

① 杨东. 保持动态监管体制［J］. 中国经济信息，2016，（5）：9.

持“软法治理、柔性监管”的理念。在平衡金融市场的安全与技术创新的同时，保证金融消费者的合法权益，注重投资者的保护。在推进区块链的应用过程中，监管者只能摸着石头过河，发现问题，吸取教训，及时总结经验。

（一）监管政策应该对区块链技术的应用给予一定的柔性

区块链去中心化、可追溯性、匿名性的特点给金融监管带来了全新挑战。在传统监管模式下，只要锁定客户后，再通过管理员身份，便可以由后台直接调取中心系统的数据，进而掌握客户账户下的资金等往来，但在区块链技术下很难锁定客户的多个匿名账户，除非掌握密钥，否则很难了解资金去向，这极有可能被违法犯罪分子利用，带来洗钱、诈骗、隐私保护、偷税漏税等一系列监管新难题。另外，区块链技术与现行法律中的诸多制度可能会存在冲突，比如利用区块链流转非上市公司股权过程中的登记效力、受害人起诉时的法院管辖地的确定和责任人的确定、区块链中数据的证据效力等。

对此，监管者应该积极探索利用区块链新技术改进监管方式，完善监管手段，加强保护投资者权益，保护市场平稳，在合适的透明度下，采取较为宽松的监管政策，以培育新的交易模式，以免成为新技术发展的绊脚石。具体来说，首先，要避免过度监管，建立一个可预见、一致、简单的合法环境，尊重区块链技术“自下而上”的特点以及在全球市场的发展。其次，回顾检视现行规则，以确保区块链技术的发展不受不必要的限制。再次，必要的时候，国际政策制定者应该协调不同国家的区块链技术规则，提供一些灵活的管理原则，协调不同国家的监管，避免企业陷入复杂的监管环境。最后，待区块链的应用较为成熟时再确定具体的监管政策。

（二）借鉴“沙盒监管”模式，由事前监管转向事中和事后监管

中国传统的监管方式主要重视事前监管，在一定程度上阻碍了企业的创新。现在面对大数据、云计算、区块链等科学技术与金融的融合，金融监管模式不应该是遏制创新，也不应该放纵创新，而应将监管方向转向减少事前审慎监管的手段、强化事中、事后的动态监管。[①] 这种理念与平衡技术创新与监管的“沙盒监管”模式类似。具体而言，可以从以下几个方面进行新型监管体制的建构：①改变现有的立法体制，强化国务院法制办和全国人大财经委在金融立法领域的功能，将区块链技术与金融的结合纳入到法律的框架之内；②加强动态立法；[②] ③建立金融消费者保护委员会，统一监管包括区块链技术在内的创新科技，确立以行为监管和金融消费者保护为核心的监管体系；[③] ④考虑到区块链技术的专业性以及该技术在其他领域的广泛应用，可以对其应用进行真实或虚拟测试，在一些法律适用领域给予适当的豁免，在维护市场大环境相对稳定与安全的基础上以保证技术的持续创

---

① 杨东．互联网金融的法律规制——基于信息工具的视角［J］．中国社会科学，2015（4）．

② 杨东．论金融领域的颠覆创新与监管重构［J］．人民论坛，2016（11）．

③ Samuel A．Consumer Financial Servicesin Britain: New Approaches to Dispute Resolutionand Avoidance［J］．European Business OrganizationLaw Review , 2002（3）．

新；⑤明确监管者的权利和义务边界，何种机构应当具备何种资质可以作为区块链技术的监管主体，监管主体可以在多大的职权范围内进行监管以及监管主体的权利和义务边界，这些问题都需要在法律中逐渐予以明晰，从而确保对区块链技术的监管有法可依；⑥在国际化的区块链网络执法过程中，可以考虑建立全球的区块链执法联盟，不同国家的监管者要进行合作监管，争取在监管的基本理念与手段上达成共识,从而确立一个基础的监管框架。

结　语

随着全球新一轮科技革命和产业变革的深入，被誉为“新一代价值互联网基石”的区块链技术，俨然已经成为全球信息技术关注的焦点。

区块链技术具有不可篡改、永久保存、去中心化等特点，共识机制、加密算法、智能合约是其核心要素。因为这些特征，区块链技术引起了全球诸多国家及国际组织的重点关注，并且产业界也积极进行相关的参与投入。与此同时，区块链技术也扩展到了供应链管理、数字交易、物联网等诸多领域，有可能引发新一轮的产业变革，为大数据、云计算等新兴技术带来更多发展机遇。

新科技的产生和发展是现实的需要，世界各国的监管者（包括立法者）都已意识到区块链技术及其应用的巨大价值，大多持有相对开放的态度，支持推进区块链技术在各个产业领域的应用。在处理区块链技术应用所引发的新问题时，也应秉承较为灵活的态度。尽管如此，区块链为科技和产业带来便利和效益的同时，也会带来许多风险挑战，在法律监管层面尤为明显。监管的目的是防范风险、维持秩序。对于区块链技术本身来说，作为一项从密码学和信息科技延伸出来的技术，如果不和社会中的具体实践相结合，其危害性就无从谈起。毋庸讳言，区块链技术仍处于发展阶段，其本身的安全性和稳定性仍有待提高。金融作为影响一国宏观经济发展全局稳定性的重要产业，各国监管者对区块链的推广应用采取较为谨慎的态度也是必要之举。

区块链给金融科技监管带来了新的挑战，且当前法律和监管框架已不能完全适用于区块链的发展。对于区块链这种新生技术，监管者应该改变传统的依照硬性规则进行监管的思维，对新生技术采用一种柔性的监管，而不应是硬性规定。同时，监管者应在大范围推广前，了解其在实际中的具体情况。其中，“监管沙盒”是一个很具有借鉴意义的模式，其在限定范围内豁免使用部分法规、简化市场准入流程和标准的模式，有助于推动新业务快速落地运营。

鉴于区块链跨地区、不受国界的限制的特性，未来金融科技监管需加速多边合作，推进国际治理。在金融稳定理事会2016年3月正式将金融科技纳入议程后，下属的银行、证券和保险等行业委员会也在跟进相关领域的工作。预计在未来，巴塞尔银行监督委员会、国际证监会组织、国际保险监督官协会等国际行业监管组织也会进一步通过金融科技报告等形式，针对金融科技的发展和现行国际监管框架提出相应的修改建议，制订行动计划。

关于区块链监管仍有许多问题待进一步思考，比如：未来监管者应如何在去中心化的区块链中履行监管职能？监管者在区块链中应有多大权限？区块链可以跨越国界，一国的监管当局应如何在国际化的区块链网络中执法？不同国家的监管者应如何合作监管？在区块链上出现法律争议，应如何认定其管辖权？

这些问题都还需要未来在监管实践中加以探讨。经验表明，当对一项新技术的价值和风险尚未完全掌握且做出中肯评价之前，法律过早地介入一项新技术应用的规制，往往会阻碍技术的发展，影响其价值发挥，间接地导致社会公共利益的减损。

不过，相信在企业界、法律界、监管方等通力合作之下，我们定能在长期实践中摸索出一条适合中国社会公共管理、商业监管和市场发展需求的区块链技术应用路线，将区块链技术所蕴藏的巨大力量有效地释放出来。

参考文献

［1］“双创”战略：中国经济转型的必然抉择［EB/OL］．（2015-12-07）．http://finance huanqiu.com/roll/2015-12/8120844 html.

［2］工信部．中国区块链技术和应用发展白皮书［J］．2016.

［3］姜明安．软法的兴起与软法之治［J］．中国法学，2006（2）:25-36.

［4］姜明安．完善软法机制，推进社会公共治理创新［J］．中国法学，2010（5）:16-24.

［5］罗豪才，周强．软法研究的多维思考［J］．中国法学，2013（5）:102-111.

［6］［德］于尔根·哈贝马斯著．现代性的哲学话语［M］．南京：译林出版社．2011.

［7］高秉雄，张江涛．公共治理：理论缘起与模式变迁［J］．社会主义研究，2010（6）:107-112.

［8］王申．软法产生的社会文化根源及其启示［J］．法商研究，2006（6）:72-76.

［9］罗豪才，毕洪海．通过软法的治理［J］．法学家，2006（1）:1-11.

［10］姜明安．完善软法机制，推进社会公共治理创新［A］．中国法学会行政法学研究会．中国法学会行政法学研究会 2010 年会论文集［C］．中国法学会行政法学研究会，2010:11.

［11］刘轶．金融监管模式的新发展及其启示——从规则到原则［J］．法商研究，2009，26（2）:152-160.

［12］董炯．保险监管中的软法之治［A］．北京大学法学院、北京大学宪法与行政法研究中心、北京大学法学院软法研究中心．公法的基础理论和范式学术研讨会论文集［C］．北京大学法学院、北京大学宪法与行政法研究中心、北京大学法学院软法研究中心，2013:14.

［13］长铗，韩锋．区块链 从数字货币到信用社会［M］．北京：中信出版集团股份有限公司，2016.

［14］IBM 商业价值研究院．全速前进——随着区块链，重新思考企业、生态系统和经济模式［R］．2016.

［15］蒋润祥，魏长江．区块链的应用进展与价值探讨［J］．甘肃金融，2016（2）:19-21.

［16］张善根．社会信任危机的法律治理［J］．探索，2015（1）:184-190.

［17］张立伟．信任文化与法治秩序的构建［J］．理论与改革，2013（4）：9-14.

［18］朱建明，付永贵．区块链应用研究进展［J］．科技导报，2017，35（13）:70-76.

［19］庄雷，赵成国．区块链技术创新下数字货币的演化研究：理论与框架［J］．经济学家，2017（5）:76-83.

［20］卞江生关于“保险人同意承保”的几个法律问题——兼论保险合同的成立、生效与保险责任开始［J］保险研究，2012（12）:98.

［21］韩锋等．区块链——从数字货币到信用社会［M］．北京：中信出版社，2016：172–173.

［22］数贝荷包 CEO 专访：探寻区块链下的资产数字化［EB/OL］．（2015–12）http://pcedupconlinecomcn/817/8171200html.

［23］赵静．资产支持证券的监管制度研究［D］．华东政法大学，2010.

［24］［美］梅兰妮·斯万著．区块链 新经济蓝图及导读［M］．北京：新星出版社，2016.

［25］［加］唐塔普斯科特（Don Tapscott），［加］亚力克斯·塔普斯科特（Alex Tapscott）．区块链革命 比特币底层技术如何改变货币、商业和世界［M］．北京：中信出版集团股份有限公司，2016.

［26］吴健，高力，朱静宁．基于区块链技术的数字版权保护［J］．广播电视信息，2016（7）:60–62.

［27］吴健．去中心化数字版权保护技术初探［J］．西部广播电视，2016（12）:210–213.

［28］张昱．网络作品数字传输的法律适用问题［J］．法律适用，2000（7）:13–15.

［29］马得华．法律空白与法官造法［J］．法律方法，2005，4（00）:166–182.

［30］杨东．论金融领域的颠覆创新与监管重构［J］．人民论坛·学术前沿，2016（11）:30–39.

［31］何建湘，蔡骏杰，冷元红．争议比特币［M］．北京：

中信出版社，2014：97.

［32］龚鸣区块链社会——解码区块链全球应用与投资案例［M］北京：中信出版集团，2016：333.

［33］霍学文. 区块链的开发应走在规范化轨道上［J］. 清华金融评论，2016（10）:17.

［34］廖岷. 区块链是金融科技监管最突出的挑战［J］. 众筹金融研究院，2016（10）.

［35］龚鸣. 区块链社会 解码区块链全球应用与投资案例［M］. 北京：中信出版社，2016：321.

［36］龚鸣. 英国对区块链技术的态度［J］. 金融博览，2016（3）:14–16.

［37］蔡维德，郁莲. 区块链技术在金融领域的应用解析［J］. 金融电子化，2016（5）:57–60+6.

［38］杨东. 保持动态监管体制［J］. 中国经济信息. 2016（5）：9.

［39］杨东. 互联网金融的法律规制——基于信息工具的视角［J］. 中国社会科学，2015（4）:107–126+206.

［40］中国人民银行广州分行课题组，李思敏. 中美金融科技发展的比较与启示［J］. 南方金融，2017（5）:3–9.

［41］陆岷峰，虞鹏飞. 金融科技与商业银行创新发展趋势［J］. 银行家，2017（4）:127–130.

［42］李文红，蒋则沈. 金融科技（FinTech）发展与监管：一个监管者的视角［J］. 金融监管研究，2017（3）:1–13.

［43］黄震，蒋松成. 监管沙盒与互联网金融监管［J］.

中国金融，2017（2）:70–71.

［44］郑南磊. 金融科技：未来金融业发展的制高点［J］. 证券市场导，2017（1）:1.

［45］杨现民，李新，吴焕庆，赵可云. 区块链技术在教育领域的应用模式与现实挑战［J］. 现代远程教育研究，2017（2）:34–45.

［46］黄洁华，高灵超，许玉壮，白晓敏，胡凯. 众筹区块链上的智能合约设计［J］. 信息安全研究，2017，3（3）:211–219.

［47］蔡维德，郁莲，王荣，刘娜，邓恩艳. 基于区块链的应用系统开发方法研究［J］. 软件学报，2017，28（6）:1474–1487.

［48］李青，张鑫. 区块链：以技术推动教育的开放和公信［J］. 远程教育杂志，2017，35（1）:36–44.

［49］乔海曙，谢姗珊. 区块链驱动金融创新的理论与实践分析［J］. 新金融，2017（1）:45–50.

［50］许涛. 区块链技术在教育教学中的应用与挑战［J］. 现代教育技术，2017，27（1）:108–114.

［51］布莱恩·奈特，陈曦. 从金融科技谈美国金融监管［J］. 金融市场研究，2016（12）:111–125.

［52］巴曙松，白海峰. 金融科技的发展历程与核心技术应用场景探索［J］. 清华金融评论，2016（11）:99–103.

［53］李政道，任晓聪. 区块链对互联网金融的影响探析及未来展望［J］. 技术经济与管理研究，2016（10）:75–78.

［54］唐莉，程普，傅雅琴. 金融科技创新的“监管沙盘”［J］. 中国金融，2016（20）:76–77.

［55］赵鹞. Fintech 的特征、兴起、功能及风险研究［J］. 金融监管研究，2016（9）:57–70.

［56］阿波莉，沈建苗. 金融科技崛起 老牌金融公司怎么看？［J］. IT 经理世界，2016（17）:54–56.

［57］张宁，王毅，康重庆，程将南，贺大玮. 能源互联网中的区块链技术：研究框架与典型应用初探［J］. 中国电机工程学报，2016，36（15）:4011–4023.

［58］程华，杨云志. 区块链发展趋势与商业银行应对策略研究［J］. 金融监管研究，2016（6）:73–91.

［59］普华永道全球金融科技团队. 跨越行业界线：金融科技重塑金融服务新格局［J］. 金融市场研究，2016（5）:51–63.

［60］益言. 区块链的发展现状、银行面临的挑战及对策分析［J］. 金融会计，2016（4）:46–50.

［61］袁勇，王飞跃. 区块链技术发展现状与展望［J］. 自动化学报，2016，42（4）:481–494.

［62］周伟，张健，梁国忠. 金融科技重构未来金融生态［M］. 北京：中信出版社，2017.

［63］《中国金融科技发展概览》编写组. 中国金融科技发展概览 2016［M］. 北京：电子工业出版社，2017.

［64］徐明星，田颖，李霁月. 图说区块链 神一样的金融科技与未来社会［M］. 北京：中信出版社，2017.

［65］连平，周昆平. 科技金融 驱动国家创新的力量［M］. 中信出版集团，2017.

［66］［英］克里斯·斯金纳．FinTech，金融科技时代的来临［M］．北京：中信出版社，2016．

［67］保罗·西罗尼（Paolo Sironi）著．金融科技创新［M］．北京：中信出版集团，2017．

［68］蔡立耑．金融科技丛书 量化投资 以 Python 为工具［M］．北京：电子工业出版社，2017．

［69］由曦．蚂蚁金服 科技金融独角兽的崛起［M］．北京：中信出版集团股份有限公司，2017．

［70］谢平．金融互联网化 新趋势与新案例［M］．北京：中信出版集团股份有限公司，2017．

［71］申屠青春．区块链开发指南［M］．北京：机械工业出版社，2017．

［72］（瑞士）Roger Wattenhofer．区块链核心算法解析［M］．北京：电子工业出版社，2017．

［73］韩锋，张晓玫，龚鸣，蒋昊然，张夏．区块链 量子财富观［M］．北京：机械工业出版社，2017．

［74］朱志文．Node．js 区块链开发［M］．北京：机械工业出版社，2017．

［75］杨保华，陈昌．区块链原理、设计与应用［M］．北京：机械工业出版社，2017．

［76］邹均．区块链技术指南［M］．北京：机械工业出版社，2016．

［77］唐文剑，吕雯著．区块链将如何重新定义世界［M］．北京：机械工业出版社，2016．

［78］张健. 区块链 定义未来金融与经济新格局［M］. 北京: 机械工业出版社，2016.

［79］井底望天，武源文，史伯平，赵国栋. 区块链世界［M］. 北京：中信出版社，2016.

［80］深圳前海瀚德互联网金融研究院. 区块链金融［M］. 北京：中信出版集团，2016.

［81］ Ametrano F M. Bitcoin, Blockchain, and Distributed Ledger Technology［J］. Social Science Electronic Publishing, 2016.

［82］ Swan M. Blockchain: Blueprint for a New Economy［M］. OReilly Media, Inc, 2015.

［83］ Pilkington M. Blockchain Technology: Principles and Applications［J］. Social Science Electronic Publishing, 2016.

［84］ Swan M. Blockchain Thinking : The Brain as a Decentralized Autonomous Corporation［Commentary］［J］. IEEE Technology & Society Magazine, 2015, 34（4）:41–52.

［85］ Atzori M. Blockchain Technology and Decentralized Governance: Is the State Still Necessary?［J］. Social Science Electronic Publishing, 2016.

［86］ Godsiff P. Bitcoin: Bubble or Blockchain［M］// Agent and Multi–Agent Systems: Technologies and Applications. Springer International Publishing, 2015:191–203.

［87］ Underwood S. Blockchain Beyond Bitcoin［J］. Communications of the Acm, 2016, 59（11）:15–17.

［88］ Huckle S, Bhattacharya R, White M, et al. Internet of Things, Blockchain and Shared Economy Applications［J］. Procedia Computer Science, 2016, 98（C）:461–466.

［89］ Mainelli M, Milne A. The Impact and Potential of Blockchain on Securities Transaction Lifecycle［J］. Social Science Electronic Publishing, 2016.

［90］The Economist.Banks v fintech: An uneasy symbiosis［J］. The economist,2015（TN.8937）:15–16.

［91］ Chris Skinner.ARE BANKS REALLY UNAWARE OF THE FINTECH CHALLENGE?［J］. The banker,2015（Sep. TN.1076）:88.

［92］ Chris Skinner.HOW FINTECH IS CREATING A WHOLE NEW INDUSTRY［J］. The banker,2015（Mar. TN.1070）:95.

［93］ Hua Wilfried Serge Koffi.The Fintech Revolution: An Opportunity for the West African Financial Sector［J］. Open Journal of Applied Sciences;Open Journal of Applied Sciences,2016（11）:771–782.

［94］ The Economist.Financial services: The fintech revolution – A wave of startups is changing finance–for the better［J］. The economist,2015（TN.8937）:9–10.

［95］ Alex Pazaitis,Primavera De Filippi,Vasilis Kostakis. Blockchain and value systems in the sharing economy: The illustrative case of Backfeed［J］. Technological Forecasting & Social Change,2017.

[96] Guillermo Jes ú s Larios-Hern á ndez. Blockchain entrepreneurship opportunity in the practices of the unbanked [J] . Business Horizons,2017.

[97] Žiga Turk,Robert Klinc. Potentials of Blockchain Technology for Construction Management [J] . Procedia Engineering,2017,196.

[98] Steve Huckle,Rituparna Bhattacharya,Martin White,Natalia Beloff. Internet of Things, Blockchain and Shared Economy Applications [J] . Procedia Computer Science,2016,98.

[99] J. Göbel,H.P. Keeler,A.E. Krzesinski,P.G. Taylor. Bitcoin blockchain dynamics: The selfish-mine strategy in the presence of propagation delay [J] . Performance Evaluation,2016,104.

[100] Victoria Louise Lemieux. Trusting records: is Blockchain technology the answer? [J] . Records Management Journal,2016,26 (2) .